Super ET Opera viva

www.einaudi.it

ISBN 978-88-06-23998-5

Ilaria Gaspari

Lezioni di felicità

Esercizi filosofici per il buon uso della vita

Einaudi

La felicità degli antichi

«È vano il discorso di quel filosofo che non curi qualche male dell'animo umano».

EPICURO

Ci fu un tempo in cui il mondo era molto piú giovane; la filosofia, allora, era un'invenzione nuova di zecca, nelle mani del primo dei Sette Saggi, il protofilosofo – Talete.

La leggenda vuole che una notte, mentre se ne andava a spasso con gli occhi fissi alle stelle senza badare a dove metteva i piedi, Talete sia inciampato e caduto in un pozzo. Purtroppo, nei paraggi si trovava una servetta di Tracia: lo vide finire a gambe all'aria e, guardandosi bene dal dargli una mano, si mise a ridere di lui che si affannava tanto a cercar di conoscere le cose del cielo, ma non vedeva affatto quelle che aveva davanti. Questo apologo cosí spiritoso – con la sua luna nel pozzo, la comicità involontaria del filosofo distratto, la sagacia della ragazza – ha avuto, nei secoli, un grande successo: non si perde occasione di raccontarlo, quando si cita Talete, e spesso viene sfruttato per rivendicare la superiorità del sano senso pratico sui ghiribizzi della speculazione pura.

Ma chi crede di trovare nell'aneddoto un buon appiglio per rinfacciare ai filosofi l'inutilità delle loro meditazioni farebbe bene a rintracciare il momento in cui la storiella comparve nella forma in cui la conosciamo, con Talete e la ragazza trace nei ruoli, rispettivamente, del professore distratto e della personcina semplice ma di solido buonsenso. Succede nel *Teeteto*, dialogo platonico in cui si riferisce una conversazione fra Socrate – è lui a raccontare la disavventura del sapiente nel pozzo, riprendendo il tema da una favola di Esopo in cui a inciampare era un astronomo vanitoso – e il giovane matematico Teeteto. La chiacchierata, secondo quel che rivela la cornice del dialogo, avrebbe avuto luogo qualche anno prima, alla vigilia della morte di Socrate. E questo è un dettaglio importante: perché sappiamo tutti – lo sappiamo noi, oggi, ma lo sapevano ancora meglio gli Ateniesi di allora – come sarebbe morto Socrate: in carcere, per decreto del caro, vecchio buonsenso dei suoi concittadini, che non volevano piú saperne di quel bizzarro incantatore e della sua filosofia, e temevano corrompesse i loro giovanotti infilandogli strani grilli nella testa.

Alla luce del tetro presagio della morte annunciata nella *mise en abîme* del dialogo, la figura del filosofo deriso si fonde con quella del filosofo ucciso. Per Socrate infatti la risata di chi non seppe (o non volle) capire il significato delle ricerche che conduceva, frugando fra le cose del mondo a caccia della verità, prese una nota atroce: e non è affatto ovvio, insinua Platone affidando proprio a lui il compito di raccontare di Talete, che le servette traci abbiano sempre ragione.

Ma spesso, e ancor piú spesso in periodi di cambiamento e di crisi come quello che stiamo vivendo, la voce del buonsenso si alza di un tono e si arroga il diritto di dire che la filosofia è perfettamente inutile, una mania da professoroni distratti che al primo ostacolo inciampano: perché mai dovremmo studiarla, se non serve a niente?

E invece sarebbe meglio guardare ai greci antichi:

perché per loro, in questo molto piú moderni di noi, non doveva esistere iato fra speculazione e vita. Ai loro occhi, l'opposizione fra teoria e prassi filosofica era davvero labile. E l'ambizione principale del filosofo non era quella di imbastire sistemi, né di speculare astrattamente: come disse nel III secolo a.C. il platonico Polemone, era nelle «cose della vita» che bisognava soprattutto esercitarsi. La filosofia era allora in primo luogo una scelta, un modo di vivere, e difatti la si praticava nelle *scuole*: e le scuole – che fiorirono fino a tutta l'età ellenistica, conoscendo un enorme successo in tempi per molti versi simili al nostro, tempi di cambiamenti e di crisi e di affannosa ricerca della felicità – non erano luoghi in cui si studiava e basta. Erano vere e proprie comunità, libere associazioni in cui i discepoli si raccoglievano intorno a un maestro che parlava non per costruire davanti ai loro occhi mirabolanti strutture concettuali, ma per formarli.

Nelle scuole si condividevano tempo e abitudini, e si viveva una vita comune nel rispetto delle norme e degli insegnamenti impartiti dal maestro. Nel loro orientamento complessivo, nei loro principî, come ha scritto Pierre Hadot, «tutte le scuole filosofiche dell'Antichità si sono rifiutate di considerare l'attività filosofica come puramente intellettuale, come puramente teorica e formale, ritenendola invece una scelta che impegnava la vita intera e l'anima nella sua totalità». La filosofia non era un puro esercizio speculativo, ma un impegno spirituale.

La filosofia delle scuole era, prima di tutto, un'arte di vivere; un ferreo allenamento destinato non solo a stimolare l'intelligenza del discepolo, ma a trasformare la sua esistenza attraverso una serie di regole, di pensiero e di vita. Attraverso queste regole prende forma una saggezza che non si pone mai come alternativa alla felicità: anzi, soprattutto nelle scuole nate nel solco dell'insegnamento socratico, si realizza proprio nella vita felice del sapiente.

La felicità degli antichi (εὐδαιμονία, *eudaimonia*: composto di εὖ (*eu*) «bene» e δαίμων (*daimon*) «spirito, sorte») è un destino fortunato che ci si costruisce attraverso la giusta postura del corpo e della mente; ed è una forma quasi eroica di fedeltà a sé stessi, di dedizione alla propria vocazione naturale – che è, appunto, quella di essere felici. È un esercizio di libertà: non solo dagli scherzi del fato, dai capricci delle opinioni altrui, o dalle fortune e iatture che la sorte ci rifila, ma anche e soprattutto da noi stessi; dagli automatismi delle abitudini, dalle reazioni immediate che ci trasformano in burattini alla mercé di un sistema di credenze accolto in maniera acritica. Per questo le regole delle scuole delineano una progressione di esercizi che esigono che chi li compie metta in discussione di continuo la propria disposizione interiore – e, anche, quella esteriore.

Queste scuole sono tutte chiuse ormai, e da molti secoli. Dell'inimmaginabile vita che si doveva vivere nel Giardino di Epicuro, o sotto il portico dipinto della Stoà, non ci restano che sparsi fossili, frammenti di testi che hanno superato il volgere di millenni per portarci una traccia delle voci di maestri le cui figure sono avvolte da un'aura di leggenda.

Oggi le scuole le studiamo, e la filologia ci offre strumenti inestimabili per indagarne i segreti, auscultare i documenti che restano, ricostruire per congetture quel che ormai si è fatto invisibile. Le possiamo studiare, possiamo discutere le contraddizioni in seno alle varie dottrine, cercare le radici di regole e tabú; possiamo fissare le testimonianze come Talete fissava il firmamento e la luna. Oppure potremmo guardare in alto anche noi, e pensare che la luce di quelle stelle che ora vediamo, per raggiungerci adesso doveva essere già in viaggio mentre Socrate, prossimo a morire, parlava della servetta trace, e persino mentre Pitagora vietava energicamente ai suoi adepti di toccare la carne o le fave. Potremmo pensare che davvero sono esistiti, questi maestri di filosofia e i loro allievi, e che erano uomini (e qualche volta, purtroppo molto di rado, donne) come noi. E se loro modellarono usi e abitudini sulle regole delle scuole che frequentavano, se intrapresero severi esercizi spirituali tentando di raggiungere la felicità di cui ancora – e sempre – parliamo tanto, se impararono a vivere dai loro maestri, perché mai oggi, in questo punto del tempo lontano quasi anni luce, non possiamo tentare l'impresa anche noi? Che spreco sarebbe, lasciar perdere quel patrimonio di saggezza pratica! Per fortuna, nessuno ci vieta di iscriverci a qualcuna delle loro scuole, quelle che piú ci attirano, in un esercizio di felice dilettantismo, in un esperimento esistenziale e filosofico privo di pretese filologiche eppure serio, a modo suo, com'è serio tutto quello che ci spinge a ribaltare le prospettive, a mescolare le carte, a rovesciare i punti di riferimento.

E se anche finiremo a gambe all'aria nel pozzo, pazienza. Ascolteremo ridere i passanti; e a chi ci dirà che la filosofia non serve a niente, risponderemo che invece serve eccome, a imparare a vivere. E magari verrà da ridere anche a noi, forse pure da ridere a crepapelle, come accadde al filosofo stoico Crisippo di Soli, letteralmente morto dal ridere mentre guardava il suo asino mangiare fichi e bere vino.

Lezioni di felicità

Conosci te stesso

Quando è sera guardo le luci accese nelle case degli altri. Di fronte c'è una camera di ragazzini, due fratelli che litigano e si picchiano nel quadro della finestra; qualche volta invece fanno i compiti alle loro scrivanie, ma dura sempre poco, perché poi ricominciano ad azzuffarsi. Alla destra della loro stanza, la finestra successiva è un salotto; grandi librerie alle pareti, illuminazione da terra, molti quadri, un ficus benjamin che avrebbe bisogno di essere annaffiato: ogni sera conto qualche foglia in meno, ormai è rimasto quasi nudo. Sopra il salotto c'è una cucina, è la casa di una coppia di vecchietti; la luce troppo chiara e fredda si riflette su mobili spartani, di radica, che hanno l'aria di aver vissuto in quella cucina già piú di qualche annetto. Cenano alle diciannove e trenta, ogni santo giorno, e lui dà le spalle alla finestra; lei lo serve e quando finiscono, intorno alle diciannove e cinquanta, è lui che lava i piatti. Lei rimane seduta al tavolo e chissà cosa si raccontano. Per la prima volta mi sorprendo a pensare che, dalla casa di fronte, anche loro – i fratelli, la loro mamma che accende la lampada da terra nel salotto, i vecchietti – possono vedere le mie finestre illuminate; ma sarà l'ultima sera che vedranno questa casa com'è ora, com'è sempre stata da quando è mia.

Domani i libri nella libreria saranno già spariti, ingoiati dai cartoni che nell'ingresso aspettano solo di essere riempiti. In questa casa molto amata, dove conosco il posto di ogni cosa perché l'ho pensato e l'ho trovato io, all'improvviso mi sento come in un teatro, sola – l'altro attore se n'è andato; l'ultimissima replica di uno spettacolo andato in scena per dieci anni, e nessuno spettatore.

Ho poco piú di una settimana per lasciare la casa.

L'ho letto da qualche parte, chissà dove (ho persino creduto, allora, che fosse un'esagerazione): i traslochi sarebbero, insieme a lutti e divorzi, i momenti piú traumatici nella vita di una persona. Eventi psicosociali stressanti, li chiamavano in quell'articolo; possono causare stress, ansia, depressione. Avevo sorriso e mi ero detta, posando la rivista sul tavolino: quante storie! Che sarà mai, un trasloco, pensavo soddisfatta come un gatto accoccolato su una stufa.

E poi ecco che mi ritrovo qui, a misurare la mia vita nel volume di scatole di cartone: non c'è piú niente di esagerato nelle conclusioni di quella ricerca, nella sibillina classifica degli episodi sconvolgenti, che avevo sottovalutato e quasi dimenticato.

Sono felice?, mi chiedo mentre stacco dal muro un quadro, e ricordo quando abbiamo appeso il chiodo, ridendo e litigando per scherzo perché avevamo sbagliato a prendere le misure. Sono felice?, mi chiedo ancora, e sembra una domanda stupida in un momento cosí. La vita a brandelli, la casa che con tanta pazienza avevamo cercato di far somigliare, a poco a poco, all'idea di casa che avevamo in testa, smontata un pezzo per volta – è chiaro che sono tutto tranne che felice. Ma come spesso succede, quando ci si chiede una cosa e si risponde troppo precipitosamente, la prima risposta non è mai quella vera. O meglio: non l'unica.

Sono disperata, come chiunque venga mollato di punto in bianco, dopo dieci anni d'amore – oltretutto, con l'incombenza di traslocare perché l'affitto all'improvviso è troppo alto. Questo trasloco è una violenza; eppure mi sta succedendo qualcosa. È uno strappo, ma come quello di un cielo di cartapesta che si laceri in un teatrino di marionette: dietro vedo il cielo, quello vero.

Per la prima volta dopo molto tempo, ritrovo la sensazione asprigna della libertà, mentre tutto crolla e si disperde. Forse è il momento di pensare a un modo per essere felice.

Chiunque abbia vissuto, una volta nella vita, l'inebriante esperienza del trasloco, lo sa: si comincia sempre dai libri. All'occhio dell'impacchettatore in procinto di iniziare a trasferire mesi, anni, decenni interi di vita nel provvisorio ricovero delle scatole di cartone, la libreria, con le sue ingannevoli file compatte di parallelepipedi regolari, appare come un fulgido miraggio. Nei rari (ma non impossibili) casi di buonumore da trasloco, la libreria è l'immagine perfetta, l'illustrazione concreta di quello che l'incosciente ottimista va ripetendo da quando ha deciso, o scoperto, di dover cambiare casa: che non ci vuole niente. In men che non si dica sarà tutto imballato. Pure nei frangenti in cui prevalgono nichilismo, scoramento, neghittosità, ansia da scatolone, la libreria sembrerà un'ancora di salvezza: se anche l'imballo del resto della casa preannuncia contorcimenti e sfide impossibili a tetris, la libreria è l'esercizio facile, la parte veloce da affrontare come riscaldamento per le ingrate imprese che seguiranno.

Naturalmente è un errore: le librerie obbediscono a misteriose leggi entropiche, per cui i libri si moltiplicano, man mano che li si infila negli scatoloni. Ma il trasloco comincia sempre da lí; e forse non solo perché cosí sembra piú semplice. Il fatto è che svuotare una libreria è come improvvisarsi archeologi di sé stessi. A ogni nuovo scaffale si leva la polvere da mesi, settimane, anni, pomeriggi – fasi della vita che da chissà quanto tempo non tornavano fra i pensieri né fra i ricordi. Ma prendendo in mano i libri, il passato si ritrova subito, immediato, intatto come una reliquia.

Me ne sono accorta dopo aver finito di svuotare gli scaffali centrali, i piú frequentati, quelli dei romanzi disposti secondo un criterio cronologico-geografico che l'indolenza aveva piano piano incrinato. Da molti anni, invece, piú in ordine di quanto credessi o ricordassi, nei ripiani piú alti stavano i libri dell'università.

Mai piú ripresi in mano, alcuni, dal giorno in cui li ho sistemati lí: eppure, solo sfiorarli, in un accesso di starnuti per la polvere che li ricopre, è imbattersi nel piú vivido ricordo degli esami. Mattine di sole, caffè al bar del dipartimento di Filosofia, i compagni che discettavano su tutto, barbe e occhiali di professori, sessioni invernali e sessioni estive, gli assistenti inflessibili e quelli mansueti, ultimi appelli, ansie e statini, domande a piacere, il voto sul libretto. Le notti prima dell'esame, a ripassare con gli amici, la caffettiera sul fuoco e le frasi scaramantiche. Tutto come se fosse successo ieri, non dieci anni fa. Istituzioni di filosofia politica. Estetica. Filosofia del linguaggio. Filosofia teoretica, I e II, tutto l'armamentario, Kant e Schopenhauer. E il corso su Nietzsche e il nichilismo – nello scatolone. Per un attimo penso che forse potrebbe essere il momento giusto per riprendere *Umano, troppo umano*. Piú umana di cosí, del resto, non mi sono mai sentita.

Già in procinto di abbandonare tutto e tuffarmi nella lettura, appollaiata in cima alla scala mi fermo. È la mia vita che sta andando in pezzi, qui, non la mia *Weltanschauung*. O meglio, sí, anche quella – ma ci penserò domani, alle faccende teoriche, e per domani intendo un remoto domani vagheggiato, quando tutto questo trambusto sarà finito e forse la vita avrà provveduto da sola, come succede, a riparare la mia visione del mondo. Ora, in cima alla scala, sono solo coperta di polvere, disorientata, e non so fare altro che riempire, meccanicamente, dieci venti trenta scatoloni con il fior fiore della saggezza umana.

Ho studiato filosofia, perbacco, ma con un'attitudine cosí necrofila! L'ho studiata come una cosa morta – quanto sono stata stupida, ad arrivare alla laurea senza sognarmi nemmeno la fortuna che avevo! Era tutto davanti ai miei occhi e non ho visto niente. All'improvviso ogni cosa si fa spaventosamente semplice. Questi libri che non sfioravo da anni, non solo li devo aprire, non solo devo tornare a leggerli: devo lasciare che mi insegnino qualcosa, che mi educhino, una buona volta. Invece di cedere al pessimismo, voglio imparare a vivere. Mi curerò con la filosofia, come gli antichi. Per trovare un senso al motto scalpellato sul tempio di Apollo: *conosci te stesso* – che significherà mai? Siamo noi stessi anche grazie alla conoscenza che abbiamo di noi, oppure no? Irresolubile enigma su cui non mi sono mai piú interrogata, da quando… ecco, dal tempo dell'esame di filosofia antica, sciorinato proprio qui davanti a me, ultima mensola in alto, a sinistra della finestra. In bilico sulla scala, con sprezzo del pericolo, mi sporgo sullo scaffale mentre i due fratelli, dalla loro stanza oltre la strada, mi indicano e sghignazzano – ma che importa, anche Talete fu deriso dalla servetta trace, quando inciampava per pozzi cercando la luna. Eccolo lí, riemerso da anni di oblio come una casa appena dissotterrata da un archeologo fortunato: il mio primo esame, *Storia della filosofia antica*. C'è tutto, e di ogni libro ho un ricordo. Le *Vite dei filosofi* di Diogene Laerzio; la monumentale raccolta dei frammenti dei presocratici, il Diels-Kranz. La copertina argentata del libro di Pierre Hadot, *Esercizi spirituali e filosofia antica*, sfugge alla mia presa; per uno stupido istinto a frenarne la caduta manca poco che mi sfracelli per recuperarlo, nemmeno fosse di porcellana. Illesi – io per miracolo, il libro perché con dolcezza è planato sul pavimento.

Mi ritrovo seduta sul parquet, in mezzo alla confusione degli scatoloni, a leggere. Improvvisamente, insieme al sollievo di non essermi rotta l'osso del collo, è arrivata l'illuminazione. Ho bisogno di una *scuola*, e di scuole, la filosofia greca antica ne ha prodotte a bizzeffe. Mi iscriverò a tutte quelle a cui posso iscrivermi. Comincerà cosí, ora che ne ho piú bisogno, ora che avrei cose ben piú urgenti di cui occuparmi, la mia educazione filosofica, la mia ricerca della felicità.

Prima settimana

Una settimana pitagorica

Inizio di martedí: il lunedí l'ho impiegato a imparare a memoria i precetti. Come una filastrocca, uno dietro l'altro, li scandisco sottovoce a quel ritmo forzato che scimmiotta gli ottonari, lo stesso che ho adoperato, molto tempo fa, per imparare la successione dei re di Roma e le montagne della corona delle Alpi: ora còmpito quindici regole che in realtà sono dei tabú, a quanto pare, tabú primitivi che rivelano secondo illustri studiosi la matrice tribalistica della scuola pitagorica. E mi immagino di entrare a far parte anch'io di questa scuola antica, non troppo diversa da una setta, sotto la guida di un filosofo che doveva essere anche un po' sciamano, benché nel reparto impolverato delle mie memorie scolastiche si riaffacci dapprima solo come scopritore dell'omonimo teorema; teorema che, per la verità – scopro con raccapriccio –, non riesco piú non dico a dimostrare, ma nemmeno a enunciare.

Poco male: qui si tratta di fare spazio a quindici misteriose frasette, che farei bene a conoscere, prima di cominciare ad applicarle. Le ripeto in ascensore, le ripeto scendendo le scale, le ripeto finché perdono il loro senso, come un nome pensato mille volte; mentre mi lavo i denti e mentre impacchetto i miei vestiti, che traslocano con me. Le ripeto per tutto il lunedí:

1. Astieniti dalle fave
2. Non raccogliere ciò che è caduto
3. Non toccare un gallo bianco
4. Non spezzare il pane
5. Non scavalcare le travi
6. Non attizzare il fuoco con il ferro
7. Non addentare una pagnotta intera
8. Non strappare le ghirlande
9. Non sederti sul moggio
10. Non mangiare il cuore
11. Non camminare sulle strade maestre
12. Non permettere alle rondini di dividersi il tuo tetto
13. Quando togli dal fuoco la pignatta non lasciare la sua traccia nelle ceneri, ma rimescolale
14. Non guardare in uno specchio accanto a un lume
15. Quando ti sfili dalle coperte, arrotolale e spiana l'impronta del corpo.

Ai quindici precetti, che alla fine ho imparato a memoria come una litania, bisogna che aggiunga quello fondamentale, e per fortuna semplice da interpretare, del vegetarianesimo. Ne parlano tutti i testi su Pitagora. Diogene Laerzio per esempio racconta che Pitagora faceva colazione con pane e miele, e a cena non mangiava altro che verdure crude. E che, inoltre, aveva l'abitudine di importunare i pescatori che tornavano la sera con le barche cariche, perché ributtassero in mare tutti i pesci che avevano pescato.

Ovidio riferisce che fosse solito indirizzare a chi mangiava carne delle arringhe piuttosto convincenti, e pare che non andasse troppo per il sottile. Diceva ai carnivori, senza giri di parole, che i loro corpi ingordi erano contro natura, che ingurgitavano viscere altrui nelle proprie viscere, che i loro denti erano zanne crudeli e che riportavano in voga le abitudini dei Ciclopi, quando invece la terra offriva tanto ben di dio da permettere interi banchetti senza stragi.

Diventare pitagorica, è una parola. Nel senso che di queste regole, qualcuna è davvero incomprensibile. Lo diceva pure Giamblico nei tempi antichi, scopro mentre tento di documentarmi per capire, quantomeno, a cosa mai sto cercando di obbedire. Saranno anche residui tribali, come dicono Popper e John Burnet: ma, per Giamblico nel III secolo, come per me oggi, alcune, piú che come regole di condotta filosofica, suonano come preconcetti superstiziosi.

Nella *Dodicesima notte* Shakespeare se ne prende gioco per bocca di un buffone che sfida Malvolio, il maggiordomo della bella signora Olivia, a cacciare comunque le beccacce, pur se consapevole – in omaggio alla credenza pitagorica nella metempsicosi – di correre il rischio di divorare per errore l'anima di sua nonna. È divertente che, fra tutte queste regole, si sia concentrato proprio su quella del vegetarianesimo che, in fondo, oggi è la piú seguita, per motivi mistici, etici o anche solo salutistici; e qualche volta, magari, perché delle regole bisogna pur darsele, e si trova sempre un motivo per giustificarle, a posteriori.

Di certo quelle pitagoriche sono norme sconcertanti; da vecchietta, diceva quel simpaticone di Giamblico; da nevrotici affetti da disturbo ossessivo-compulsivo, dico io, che peraltro non fatico troppo a riconoscermi in un profilo del genere. E pensare che, dopo essermi guardata a lungo intorno, ho scelto di cominciare dal pitagorismo appunto perché incoraggiata da questa sovrabbondanza di precetti. Ho pensato che avrei avuto bisogno di prescrizioni precise, per orientarmi: non ci si può improvvisare uno stile di vita degno di un esercizio filosofico senza qualche direttiva che aiuti a introdursi in un'altra visione del mondo, o quantomeno in una nuova pratica della vita.

Inoltre, è chiaro che la scuola pitagorica si presta perfettamente al mio insolito scopo perché, fra i pitagorici esoterici – gli adepti che entravano a far parte di quel sodalizio di vita e di filosofia che era la scuola –, c'erano due gruppi ben distinti: gli acusmatici e i matematici. Gli acusmatici (cioè gli uditori: diciamo, dei pitagorici in prova) conoscevano solo gli aspetti *pratici* della dottrina, vivevano insomma come vivo io nella mia settimana da pitagorica: conservando la proprietà dei miei beni, e attenendomi al pitagorismo come pura regola di condotta. Ma, in seguito a una vera iniziazione, gli acusmatici potevano diventare matematici, essere cioè introdotti agli aspetti speculativi, *scientifici*, della dottrina – che dovevano però mantenere segreti: tanto che quel tale che divulgò l'esistenza dei numeri irrazionali causò, si dice, la rovina della scuola. Erano i matematici a vivere la vita in comune, rispettando una rigida disciplina e rinunciando alla proprietà privata.

È un'ottima cosa che io possa identificarmi con una ben precisa categoria di adepti. Certo, da questo esperimento esistenziale non posso pretendere troppa precisione filologica – la mia versione del pitagorismo manca, ad esempio, e del tutto, dell'aspetto comunitario della scuola. Il che mi piomba in una spirale di malinconiche riflessioni sullo spietato individualismo di questi tempi, ma mi fermo subito – io stessa sarei diffidente, e non poco, se qualcuno di punto in bianco mi proponesse di entrare a far parte di una setta. Ed eccomi arrivata a sbattere il muso contro un piccolo paradosso: sono cose che succedono, quando si gioca con lo straniamento e ci si cimenta in esperimenti eccentrici come quello che ho intrapreso. Mi sono appena resa conto che non c'è modo di sapere se i responsabili di questo mio isolamento monadico siano i tempi in cui vivo, o non, piuttosto, io stessa. Perché non serve aver letto Montaigne (anche se aiuta) per capire che non si può tracciare un confine netto fra sé stessi e il proprio tempo, con le sue abitudini e le sue mode, con i suoi criteri per distinguere quel che è «normale» da quello che normale non è. Me ne ricorderò la prossima volta che mi assalirà la tentazione, ottusa e reazionaria, di deprecare il malcostume di oggigiorno – forse, mi dico, l'esperimento sta già funzionando. E in ogni caso, a me servono delle norme precise: è un esperimento etico, pratico, idiosincratico come la mia idea di felicità – almeno ora, a esperimento appena iniziato: ma non sono piú sicura che non cambierà strada facendo.

Fra l'altro, a quanto mi risulta, la scuola pitagorica accoglieva a braccia aperte anche le donne – il che all'epoca era tutt'altro che ovvio. Vi dirò di piú: l'unica filosofa dell'antichità di cui rammentiamo ancora il nome, Ipazia, pur essendo in senso stretto una neo-platonica, professò un pensiero intriso di pitagorismo; fu, non per caso, filosofa e matematica insieme. Visse parecchio tempo dopo Pitagora, nell'Alessandria del IV-V secolo d.C. Nel frattempo, Platone, Aristotele e una schiera di altri filosofi avevano contratto tutti, ciascuno a modo suo, un debito con Pitagora, il quale, come osserva Bertrand Russell, per primo diede forma al ragionamento deduttivo che sta alla base della filosofia. Ipazia, che pare fosse molto bella e molto determinata a rimanere zitella, si dedicò soprattutto alla matematica: geometria, algebra, astronomia. Progettò astrolabi e mise a punto uno strumento dall'evocativo nome di urinometro, che serviva a determinare il peso specifico delle urine. I pitagorici furono i primi a intuire il legame fra medicina e matematica, del resto. Purtroppo anche Ipazia, come molte donne indipendenti vissute prima che essere indipendenti fosse, per le donne, una cosa ovvia – ma lo è mai diventata davvero? –, è stata trasformata in una sorta di simbolo, di bandiera o di «esempio». Un simbolo per poche e per pochi, certo – la popolarità di una filosofa alessandrina del IV secolo, per quanti kolossal si realizzino sulla sua vita, difficilmente può salire alle stelle; di fatto, però, rimane una silhouette tratteggiata fra eroismo e martirio, come una santa pagana.

In effetti il materiale per farne una figura leggendaria non manca. Morí di una morte violentissima, Ipazia, che portava un mantello da filosofo e impartiva lezioni aperte di filosofia in giro per la città, guardata con diffidenza dai cristiani a cui la cosa non andava a genio. Fu strappata al suo carro, un giorno della quaresima del 415 d.C. Un drappello di cristiani guidati da Pietro il Lettore, racconta Edward Gibbon, la trascinò in chiesa e lí, selvaggiamente, il suo corpo fu scarnificato con – tenetevi forte – dei gusci di conchiglia. Poi le diedero fuoco.

Le regole, ad ogni buon conto, io le ho copiate in bella calligrafia e, in caso me ne dimenticassi qualcuna nel corso della settimana, le ho attaccate con lo scotch sopra il letto, unico mobile rimasto nella camera spoglia. Non c'è una norma che lo vieti, non fra quelle pitagoriche, intendo. Ci sarebbe il buonsenso, ma forse è solo la voce di lui che mi rimbrotta, in un mugugno: non bisogna mai appendere niente ai muri. E io avevo appena mandato a far incorniciare un disegno comprato di nascosto, a caro prezzo, da un bouquiniste a Parigi, per fargli una sorpresa. Era un'illustrazione di un vecchio libro, con Babar e Celeste in due brevi letti paralleli. Non ricordo piú i dettagli, soltanto l'aria che c'era in quella stanza disegnata, un'aria rinfrancante di casa e di riposo: ma l'illustrazione sotto vetro non l'ho piú recuperata, l'ho lasciata dal corniciaio.

Sono fatta cosí.

Non affronto i conflitti, li schivo. Sempre per quel principio di edonismo timido, che qualcuno chiama quieto vivere. Quante volte l'ho sentita usare, questa espressione – ogni tanto con blando tono accusatorio, piú spesso come una giustificazione sottintesa. Ma forse sarebbe piú giusto dare alle cose il loro nome, e dire che è stata sempre pigrizia. Purissima pigrizia; unico vero principio ispiratore della mia vita. Mi domando se non sia anche per questo che lui ha deciso di andarsene. Troppo sparuti gli scontri, rarissime quindi le riconciliazioni, che a quanto pare sono, fra i momenti della vita di una coppia, quelli in cui piú ci si avvicina l'uno all'altro. Ho seguito le sue regole, senza neppure farci troppo caso, senza applicarmi. Mi domando solo adesso perché. Perché non so rispettare le regole, perché non riesco a impormi niente; e cosí va a finire che non posso imporre, di me, niente agli altri.

Innumerevoli problemi, nella mia vita di persona adulta, e prima ancora, anche in quella di bambina, sono nati dall'inettitudine a prendere, come si dice, in mano la situazione. Mi sfugge tutto: sono anzi, a essere sincera, una procrastinatrice seriale, di livello professionale. Non avete idea degli abissi di ansia e nullafacenza in cui so sprofondare. Anche perché la mia, a ben pensarci, piú che pigrizia è accidia. Sono in grado di rovinarmi giornate intere, con il pensiero di «tutto quello che dovrei fare», con l'ansia che sale, lenta e inesorabile, come acqua nella stiva della mia piccola nave naufragante in un mare di incombenze impossibili. In qualche modo, il vero procrastinatore riesce sempre, come per incanto, a proiettare su ogni frazione del presente l'ombra di quella spada di Damocle temporale che chiamiamo *tardi*. La sua vita è un inferno che alterna vertiginose angosce a distrazioni non godute. L'unico aspetto soddisfacente, in questo meticoloso autosabotaggio, sta nel miracolo innescato dal panico. Quello vero, purissimo, dell'ultimo minuto. Non l'opprimente angoscia del Bianconiglio, non la plumbea *sensazione* di essere in ritardo: ma l'affannosa certezza irrimediabile del tempo ormai scaduto, l'adrenalina di studiare in una notte un programma che avrebbe richiesto due settimane – il mio male, infatti, si è aggravato all'università. So cosa state pensando. Ma la risposta è sí: ci ho provato, a uscire dalle spire soffocanti della pigrizia. Ho tentato di stilare liste ordinate delle cose che avevo da fare, per depennarle poi con una penna stilografica, perché il tratto mi desse piú soddisfazione. Mi sono concessa piccoli premi, come se fossi io stessa un cagnolino da addestrare, ogni volta che portavo a termine qualcosa. Non è servito a nulla: sono rimasta neghittosa com'ero.

Allora, mi chiedo, riuscirà il pitagorismo a cambiarmi, adesso, in questi che sono gli ultimi giorni nella casa che abbiamo diviso, e che la mia mania di strascicare tutto ha trasformato nel teatro di un perenne braccio di ferro con il tempo – ingaggiato con il segreto desiderio di farmi sconfiggere novantanove volte per godermi una carissima, sanguinosa vittoria alla centesima occasione?

Devo riconoscere che le regole, prima ancora che inizi ad applicarle, hanno già l'effetto di farmi mettere in questione le abitudini in cui mi trascinavo. Continuo a pensare all'idea della trasmigrazione delle anime, di un corpo che viene lasciato per un altro. E al di là dell'ovvia malizia che sorge applicando questa metafora alla mia attuale situazione sentimentale – mollandomi cosí, da un giorno all'altro, lui sarà forse trasmigrato direttamente a un altro corpo? – penso che la si possa accostare anche alla faccenda del trasloco. Lascio questa casa, come un'anima pronta a rinascere in altra forma. Quella nuova sarà piú piccola, piú stretta, ma tutta mia, per la prima volta – sarà come reincarnarsi in un colibrí.

Mi si annuncia un trasloco metempsicotico, insomma; a condizione che io riesca ad applicare queste benedette regole e a comportarmi da pitagorica acusmatica, per quanto sia possibile in una casa di città che si affaccia su un cortile interno condiviso con un piccolo ristorante i cui cuochi ascoltano dalla mattina alla sera i grandi successi di Franco Califano.

Ora devo solo fare lo sforzo di capire i precetti. Alcuni sono incomprensibili per i non iniziati come me. E in effetti, a quanto pare, un tale Ippodemonte di Argo sosteneva che Pitagora avesse fornito una spiegazione per ognuno degli *akousmata*, ma poiché gli insegnamenti furono tramandati di bocca in bocca, col passare del tempo e con l'allontanarsi dalla prima sorgente della dottrina[1] andarono perdute quasi tutte le delucidazioni: a sopravvivere, in molti casi, furono solo le regole, in forma di tabú nudi e crudi. Dei tabú «di ritorno», in qualche modo: di questo mi tocca accontentarmi. Perché la cosa fondamentale è che, per quanto il significato figurato rimanga oscuro, quello letterale è invece di una chiarezza adamantina. Posso quindi disporre di una serie di regole da seguire fedelmente – e non saprò mai, temo, con assoluta certezza se le seguissero alla lettera anche i pitagorici; di certo c'è un fiorire di leggende e aneddoti che danno a credere che fosse cosí, ma si sa, le leggende, anche se poggiano su un fondo di verità, rendono impossibile stabilire con esattezza fino a dove questa verità si estenda[2].

All'inizio sono sorpresa dal loro aspetto enigmatico, che un poco mi inquieta. Mi sento pure parecchio

[1] Come esempio, viene citato proprio uno dei divieti piú misteriosi: quello di non spezzare il pane: «E delle spiegazioni aggiuntive, alcune sembreranno connesse sin dal primo momento ai detti cui si riferiscono, altre invece apposte successivamente; per esempio, a proposito del divieto di spezzare il pane, il fatto che ciò non sarebbe utile al momento del giudizio nell'Ade. Ebbene, le supposizioni esplicative aggiunte a detti di questo tipo non sono pitagoriche, ma appartengono a estranei che hanno escogitato e cercato di riferire a essi una motivazione plausibile».

[2] C'è, per dire, la famosa storia dei pitagorici nel campo di fave. Pare – lo racconta Giamblico – che un gruppo di discepoli di Pitagora fosse in fuga per motivi politici. Si ritrovarono a un certo punto di fronte a un campo di fave in fiore. Nemmeno la minaccia degli inseguitori bastò a persuaderli ad attraversarlo: rimasero lí impalati e furono catturati e uccisi tutti, tranne un certo Milliade e sua moglie, che era incinta. Trascinati al cospetto del tiranno Dionigi, che li interrogava per scoprire il perché del divieto di calpestare le fave, pur di non parlare si fecero torturare a morte. In maniera abbastanza comica, Giamblico commenta qui che questa storia agghiacciante rivela quanto fosse difficile, per i pitagorici, «fare amicizia con estranei». Ecco fino a che punto, almeno nell'aneddotica pitagorica, i divieti erano applicati alla lettera! Addirittura, leggenda vuole che la morte dello stesso Pitagora sia stata causata appunto dalle fave: anche lui, in fuga verso il Metaponto, si trovò a dover attraversare un campo di fave: pur di non farlo, si lasciò acchiappare e uccidere.

ridicola, a ripetermi frasi come «non toccare un gallo bianco». Non c'è pericolo, sghignazzo fra me. Facile obbedire ai divieti, quando niente ci spinge a trasgredirli – e di sicuro io, in procinto di traslocare da un capo all'altro di una metropoli strepitante nell'anno duemiladiciotto, non ho nessuna probabilità, né tentazione, di toccare galli bianchi.

Ma veniamo alle regole: a quelle che ho saputo interpretare e a quelle che sono rimaste invece inchiodate al loro senso letterale. Sarà meglio che prepari un resoconto di come mi sono arrabattata per seguirle, e di come sono cambiata durante la mia settimana pitagorica; altrimenti anche questo esperimento finirà vittima della mia solita accidia. Che peraltro, ho scoperto, è espressamente vietata dal pitagorismo.

La prima regola è un grande classico, anche perché di solito Pitagora si studia al terzo anno di scuola superiore: e ai sedicenni, un doppio senso cosí succoso come quello a cui si presta il primo precetto pitagorico – «astieniti dalle fave» – non può non sembrare irresistibile. Come spesso succede, l'umorismo (benché di bassa lega e privo di pretese quanto può esserlo l'umorismo iperormonale e rozzo di una classe di liceali scatenati) coglie uno spiraglio di verità. Perché in questo divieto c'è qualcosa che davvero sfiora il tabú: trucco perfetto per suscitare ilarità. Solo che lo humour adolescenziale sottovaluta le potenzialità di questa prima regola, concentrandosi sul doppio senso sessuale e lasciandosi sfuggire quello scatologico – piú accreditato fra gli studiosi che fin dall'antichità si sono occupati di decifrare la proibizione.

Fra tutti i divieti di Pitagora, questo è quello che

vanta il maggior numero di ipotesi interpretative. Secondo Aristotele, per esempio, poteva essere motivato dalla somiglianza delle fave con le pudenda o, in alternativa, con le porte dell'Ade – somiglianze che purtroppo non riesco a vedere. Oppure da altre sottili associazioni, fra cui quella tra fave e oligarchia – dato che, un po' come i ceci nel gioco della tombola, i semi delle fave venivano utilizzati per estrarre a sorte i nomi dei magistrati.

Qualcuno ha ipotizzato che il divieto nascesse da un'allergia di Pitagora: cioè che il saggio, soffrendo di favismo, si sia preoccupato di far sí che tutti i suoi discepoli evitassero l'alimento che faceva male a lui, come quelle madri ansiose che quando hanno freddo impongono ai figli di coprirsi. E forse nemmeno si accontentò di coinvolgere i discepoli, nella sua campagna contro le fave; almeno a quanto risulta da certi aneddoti i quali vogliono che Pitagora, come un bizzarro precursore di Francesco d'Assisi, sapesse conversare pure con gli animali. Racconta Porfirio che una volta, in un campo vicino a Taranto, vide un bue brucare delle fave. Fra gli sberleffi del bovaro, Pitagora gli sussurrò all'orecchio di non mangiarne mai piú: il bue non solo obbedí, ma visse a lungo, e per di piú nel santuario di Era, guadagnandosi la nomea di bue sacro.

Ma, a dirla tutta, le interpretazioni piú plausibili mi sembrano quelle che mettono a fuoco uno spiacevole effetto collaterale delle fave: il fatto che provochino flatulenze e che, se lasciate a lungo sotto il sole – come doveva pur succedere, nella Crotone dei tempi di Pitagora – emanino un odore che ricorda quello della carne in decomposizione. Sempre secondo Porfirio, infatti, esseri umani e fave all'alba dei tempi furono formati a partire dal caos originario con l'impiego dello stesso «materiale putrefatto»[3]. E Lévy-Strauss rintraccia, qui, una misteriosa connessione fra le fave e il mondo dei morti, dell'impurità e della decomposizione.

Secondo me, colui che seppe spiegare meglio la bizzarra parentela tra fave ed esseri umani è quel grande esperto di cose naturali che fu Plinio il Vecchio. A sentire lui, ciò che turbava i pitagorici era proprio la strana corrispondenza fra uomini e fave che si rivelerebbe nell'effetto collaterale della flatulenza: come se le fave, tanto quanto gli uomini, avessero un'anima – i greci la identificavano con il «soffio vitale», che è il primo significato della parola *psiche* (ψυχή). Le flatulenze, quindi, sarebbero soffi vitali impuri; e questa corrispondenza avrebbe delle solide basi antropologiche, tant'è vero che pure in India, proprio come in Grecia, a chi doveva officiare funzioni sacre era prescritta astinenza dalle fave prima che avessero luogo le cerimonie.

Io non ho nessuna difficoltà a seguire la prima regola: al contrario di quella sul vegetarianesimo, questa legge cosí fondamentale per gli acusmatici non provoca nessun cambiamento diretto nelle mie abitudini. Involontariamente pitagorica almeno per quanto riguarda il mio rapporto con fave e legumi, fin dalla piú tenera infanzia mi sono sempre rifiutata di mettere in bocca lenticchie,

[3] Se non fosse già abbastanza disturbante questa idea, Porfirio si premura di aggiungere una serie di disgustose «prove» empiriche: «Se dopo aver masticato una fava e dopo averla schiacciata con i denti, la si espone per un poco al calore dei raggi del sole e poi ci si allontana e si ritorna dopo non molto, si troverà che emette l'odore del seme umano. Se poi, quando la fava fiorisce nel suo sviluppo, preso un poco del fiore che annerisce appassendo, lo si mettesse in un vaso di terracotta e, messovi sopra un coperchio, lo si sotterrasse nel suolo e lo si custodisse lí per novanta giorni, dopo averlo seppellito, e dopo ciò, dissotterratolo, lo si prendesse e si togliesse il coperchio, invece della fava si troverebbe o una testa di un bambino ben formata oppure un sesso femminile».

piselli, fave, fagioli e ceci. Per quale motivo, non so dirlo con precisione: ho creduto, senza mai soffermarmi troppo a rifletterci, che avesse a che fare con la loro forma, piccola e rotonda, e con una storia che qualcuno mi aveva raccontato a scopo educativo, lasciandomi atterrita – quella di un bambino che si ficcò nel naso un pisello da cui crebbe un'intera pianta, spuntandogli fuori dalla testa. Ora, però, non posso escludere che anche l'odore dei legumi abbia avuto da sempre un ruolo in questo mio rifiuto, come lo ebbe per i pitagorici.

La seconda regola è: «Non raccogliere ciò che è caduto». Senza difficoltà mi immagino, quasi per assonanza, che il significato figurato sia vicino a quello di «Non piangere sul latte versato» – e Dio solo sa quanto sia prezioso un precetto come questo, quando si è appena stati abbandonati dopo anni di amore e ogni ricordo sembra un rimprovero che ci si infligge da soli. Ma oltre alla metafora, cui aderisco con la prontezza di un naufrago che si aggrappa a un salvagente, c'è anche la lettera. A quanto pare – sempre in tono con le fissazioni alimentari di Pitagora – si tratterebbe di un monito ai discepoli, perché non mangiassero troppo: come dire, «almeno le briciole, lasciatele stare». Del resto, anche le briciole cadute, per i greci antichi, avevano qualcosa di soprannaturale, come rivela Aristofane: spettavano, di diritto, ai *daimones*. Di colpo, la mia tipica disattenzione a tavola mi appare un'imperdonabile sciatteria.

Dove fallirono i rimproveri di parenti e maestre che tentavano di correggere la mia baldanzosa goffaggine infantile, poi cristallizzata in pigrizia, riesce Pitagora. Nelle intenzioni, se non altro: mi sforzo, finalmente, di stare piú attenta. Per fortuna questa settimana sbriciolo meno del solito, grazie ad altre due regole il cui senso figurato è piuttosto oscuro: la 4 («non spezzare il pane») e la 7 («non addentare una pagnotta intera»)[4]. Per la prima volta in vita mia taglio il pane sempre e solo col coltello, anziché romperlo con le mani in un deflagrare di scaglie di crosta.

Faccio caso a tutto quello che mi cade, e per una settimana non raccolgo mai niente. Il che mi obbliga a passare l'aspirapolvere – questo, nessuna regola lo vieta – con inconsueta solerzia. La beffa è che la casa che sto per lasciare non è mai stata cosí pulita. Un tempo mi basavo sull'approssimativa leggenda metropolitana dei «cinque secondi» (se qualcosa finisce per terra e lo raccogli prima di aver contato fino a cinque, ci puoi soffiare sopra e fare come se niente fosse successo), quando mi cadeva una mela o un pomodoro, o anche una tartina – a meno che non fosse già imburrata, circostanza irreversibile perché il lato col burro finisce sempre a terra e anche se sono passati meno di cinque secondi non la si può piú mangiare. E finché mi basavo su quella legge (a sua volta superstiziosa), se cadeva qualcosa non era una tragedia; non ci facevo caso, praticamente. Ma era prima che diventassi pitagorica. Tale è lo sforzo di mettere mano ogni volta all'aspirapolvere, ora, che quasi per riflesso pavloviano faccio molta piú attenzione. Non dico che non mi succeda piú di lasciar cadere qualcosa, però succede molto di rado, anche dopo la fine della settimana.

[4] Secondo Diogene Laerzio questo precetto è legato al fatto che il pane sarebbe il simbolo di un legame basato sulla lealtà reciproca (intorno al pane si riuniscono gli amici, dice Diogene, e spezzare il pane significherebbe spezzare il legame). Quanto al divieto di addentare una pagnotta intera, pare sia una superstizione sopravvissuta anche in certe culture contadine, che lo considerano un segno di malaugurio. Del resto, sul pane come sul vino (che porta male se versato «alla traditora», con il polso verso l'alto) si concentra un numero enorme di credenze superstiziose.

Altre regole affratellate a questa, regole in cui il lato «concreto» della metafora è un toccasana per una persona incline al disordine – e quello figurato è invece una buona cura per un cuore infranto –, sono la 13 («quando togli dal fuoco la pignatta non lasciare la sua traccia nelle ceneri, ma rimescolale»), la 15 («quando ti sfili dalle coperte, arrotolale e spiana l'impronta del corpo») e la 12 («non permettere alle rondini di dividersi il tuo tetto»). Le prime due hanno chiaramente a che fare con l'idea che, se capita di dover emigrare – da un corpo all'altro, per il principio della metempsicosi; da una casa all'altra, per il principio del trasloco –, è importante non farsi vincere dal desiderio di lasciare tracce troppo violente, troppo decise, del proprio passaggio. Quindi rifaccio il letto, ogni mattina, con una precisione nuova che mi spinge a spianare il materasso e a sprimacciare il cuscino con energia insospettabile nei giorni in cui mi limitavo a tirar su alla bell'e meglio lenzuola e coperte. Il precetto che riguarda la pignatta lo interpreto come un altrettanto salvifico ammonimento a pulire i fornelli ogni volta che cucino, e non, se va bene, a cadenza settimanale. Scopro la soddisfazione di una cucina splendente, e la sera vado a dormire in un letto talmente ben rifatto da concedermi la deliziosa sensazione di scivolare in un lettone d'albergo. E quanto alla metafora... anche se in questo periodo il mio egocentrismo è per lo piú negativo, anche se sembra limitarsi a infliggermi tonnellate di sensi di colpa per il dolore che mi ritrovo addosso, si tratta pur sempre di egocentrismo. Può farmi solo bene smettere di pensare alla mia impronta, iniziare a credere che non devo per forza lasciare il segno in tutto quello che faccio, che la mia personalità non è poi cosí importante come credevo, che posso anche permettermi di scomparire, cancellare le tracce, disturbare il meno possibile persino me stessa. Questo pensiero mi instilla una malinconia quasi tenera, un distacco appena percettibile dai ricordi che mi permette di vedere l'addio alla casa che sto lasciando in una maniera meno simbolica: come qualcosa che, semplicemente, accade.

La regola numero 12, quella delle rondini, a quanto pare significherebbe che bisogna «evitare di dare ospitalità a persone ciarliere». Ora che sono sola rispettarla è facilissimo: di ciarliero, in vista, non c'è nessuno. Ci sono però dei cocciutissimi piccioni che hanno preso l'abitudine di posarsi sul mio balcone quando non ci sono, imbrattandolo di piume e guano. Sono mesi che mi dispero e ogni volta che li vedo li caccio con la scopa. Ci voleva Pitagora perché mi decidessi a comprare dal ferramenta quegli spuntoni che si chiamano per l'appunto dissuasori – e di fatto li dissuadono dall'appollaiarsi ancora. Almeno, i prossimi inquilini troveranno una casa disinfestata dai pennuti, un balcone immacolato: ogni traccia è cancellata.

Quello che noto è che il mio umore sembra migliorare di giorno in giorno, soprattutto dal momento in cui ho iniziato ad applicare la regola 2 in senso figurato e a non piangere sul latte versato. Devo dire che un contributo l'ha dato anche la numero 10 («non mangiare il cuore»), perfetto *pendant* dell'interpretazione metaforica del secondo precetto: per quanto di primo acchito suoni oscuro, «non mangiare il cuore», oltre a riferirsi a un divieto alimentare che però è già compreso nel vegetarianesimo, significa che non bisogna tormentarsi con le proprie afflizioni.

Lo sappiamo tutti, al cuore non si comanda. E se sei triste perché ti hanno appena abbandonata, se ti senti sola e sperduta come Arianna a Nasso, se stai svuotando una casa piena di ricordi, anche se qualcuno ti ripetesse di *non tormentarti con afflizioni*, è ben difficile che il tuo umore si rischiari davvero. Eppure, in qualche maniera sorprendente, il pitagorismo ha avuto su di me un effetto anestetico. Com'è possibile? mi domando. Sono disorientata io stessa. Non dico di sentirmi euforica, né di aver trovato all'improvviso la felicità – la strada, lo so bene, è ancora lunga. È lunga soprattutto se, come ordina la regola numero 11, è vietato «camminare sulle strade maestre». Vale a dire che il buon pitagorico non deve seguire le opinioni diffuse fra i piú, ma il proprio cammino, spesso piú tortuoso, per arrivare a conoscere le cause delle cose. Questa regola, nella sua applicazione piú pragmatica, mi porta un inaspettato beneficio che già di per sé si discosta dall'opinione comune per cui la strada piú breve è anche la migliore. Nell'intento di evitare le strade maestre esco e mi ritrovo a perdermi per vicoli e viuzze; attraverso parchi e piazze, salgo e scendo per scalette nascoste. Finisce che cammino come non camminavo da non so piú quanto. Sono in ritardo a tutti gli appuntamenti, e perdo un'infinità di tempo, proprio nella settimana in cui dovrei essere efficiente e scattante e impacchettare, rapida, i miei averi. Ma camminare – chi lo sapeva – fa bene al cuore. Camminare, quando si è tristi, fino a che le scarpe fanno male, è una di quelle imprese che ti portano per forza fuori di te, nel mondo; che stancano le spirali dei pensieri, e ti fanno sentire prima libero, poi sfinito. Due antidoti alla tristezza non infallibili, ma utili, il senso di libertà e quello di sfinimento; la tristezza, per corroborarsi e durare, richiede spazi chiusi, soffocanti, ed energie. Come i vampiri, anche lei teme la luce del sole.

Sta di fatto che galleggio in uno stato di serenità appena appena indolenzita. Un po' è merito dello sforzo: solo per interpretare le regole e cercare di ricordarmele costantemente, nel corso di una giornata, gran parte delle mie energie mentali hanno il loro bel daffare. In questa inedita tensione della volontà, non ho tempo di piangermi addosso; come se in me si fosse svegliato un pragmatismo fino a ieri insospettabile. Mi tengo occupata come mi ripetevano le amiche – «tieniti occupata», dicevano, e io pensavo che fosse un consiglio stupido. Me lo tenevo per me, però; e pensare che non conoscevo ancora il precetto numero 6 («non attizzare il fuoco con il ferro») che, piuttosto arduo a trasgredirsi nella sua formulazione letterale, almeno in assenza di un caminetto, ammonisce a tenersi lontani dalle polemiche. Per fortuna, a evitarmi scoppi d'ira e litigi eccessivi ci ha sempre pensato il mio carattere: ma ora che sono costretta a rifletterci non è piú un riflesso condizionato. Mi tocca quindi un compito nuovo: cercare di rimuovere le cause di irritazione troppo forti.

Senza che all'inizio ci facessi caso, questo esperimento esistenziale che ho inventato serve *precisamente* a tenermi occupata; e forse, spero (mi illudo?), anche a farmi capire qualcosa di piú di me, della vita, di quello che nessuno ci sa spiegare: come si vive, come si fa a vivere dopo che si è squarciato il fondale dipinto di blu e si è scoperto che non era quello il cielo; dopo che si è fatto strada il pensiero che tutto ha una fine, anche se i sintomi della fine restano invisibili fino all'ultimo?

Pitagora prescrive, secondo Porfirio, una sorta di esame di coscienza prima di addormentarsi, e un altro al risveglio. A quanto pare (parola di Porfirio), andando a dormire i pitagorici si cantavano una canzoncina che pressappoco faceva cosí:

Non accogliere il sonno
nei molli occhi
prima di aver ripercorso tre volte
tutte le azioni della giornata:
in qual modo ho sbagliato?
Che cosa ho fatto?
Qual mio dovere
non fu compiuto?

Me la canto anch'io, su una melodia di mia invenzione; dapprima sfidando il mio stesso senso del ridicolo, poi, col passare dei giorni, con crescente convinzione. E al risveglio, con minor sicurezza a causa dell'eccesso di realismo che in genere segue il riposo, canto invece la versione mattutina, piú aleatoria, che dice:

Appena uscito
dal dolce sonno
esamina bene
quante azioni compirai
nella giornata.

Ma l'esame di coscienza lo faccio sul serio, sera dopo sera. La prima volta mi addormento singhiozzando con il cielo già ingrigito dall'alba. I confini del giorno, quando mi chiedo cosa ho sbagliato, si allargano: come un fiume che sfocia nel lago il tempo si estende, ripenso a una settimana prima, a un mese prima, a un anno prima. La seconda sera faccio appena in tempo a finire di passare in rassegna la mia giornata che sto dormendo, apatica e sfinita. A partire dalla terza notte, inizio a capire che non posso accusarmi di *tutto* quello che è andato storto, e che farlo è solo un modo per chiudere i conti in fretta e furia, senza assumermi nessuna responsabilità. Le mattine, riaprendo occhi pesti cerco di ripercorrere i pensieri, di ritrovare il filo; ma col passare dei giorni il risveglio mi trova sempre piú svuotata. Come quando si è camminato tantissimo e i muscoli delle gambe, la mattina dopo, sono gonfi, sodi; indolenziti, ma di un indolenzimento sordo, memore della fatica, quasi piacevole. Inizio a distinguere: quello che ho fatto io, quello che ho detto io, che ho pensato, che ho sentito, da quello che ha detto e fatto lui. Non è facile; eppure cambia già qualcosa. È un esercizio quasi ipnotico, mi sospende in uno spazio bianco, lontano dal dolore pulsante dei primi giorni. Dev'essere quasi come meditare, penso.

Ci sono poi alcune regole che rimangono misteriose e che fatico a seguire, o meglio: le seguo senza sforzo sul piano letterale, ma solo perché la possibilità di trasgredirle è troppo complicata per essere praticabile. Per esempio, l'enigmatica norma numero 3 («non toccare un gallo bianco»), associata all'aspetto simbolico del gallo bianco, che caccia le tenebre ed era sacro a Esculapio, il dio greco della medicina. La 5 («non scavalcare le travi») mi pare incomprensibile: secondo Porfirio potrebbe voler dire che non bisogna prevaricare nessuno; ad ogni buon conto, le travi se ne stanno ben salde nel tetto. Quanto alla 9 («non sederti sul moggio»): io nemmeno so di preciso cosa sia un moggio. Leggo in Porfirio che dovrebbe significare «non vivere nell'ozio». Ma da quando sono una pitagorica alle prese con un trasloco, l'ozio, da padre di tutti i miei vizi, è diventato un pensiero lontanissimo, quasi struggente. Sono cosí presa a cercare di non sgarrare, che la mia accidia sembra essersi sciolta come neve al sole. C'è poi la numero 8 («non strappare le ghirlande»): quali ghirlande? Se anche ne vedessi una in giro, non mi sognerei nemmeno di strapparla. La mia guida, Porfirio, mi spiega che significa «non violare le leggi». Ma io non sono mai stata cosí ligia a quello che mi viene prescritto come in questi giorni. Tant'è vero che mi attengo scrupolosamente persino a precetti assurdi come «non guardare in uno specchio accanto a un lume» e se devo uscire, la sera, mi trucco senza specchiarmi. Con risultati meno disastrosi del previsto – scopro cosí che conosco il mio viso a memoria, molto meglio di quanto credessi. Qualche volta non riusciamo a pensare senza gli appigli a cui siamo abituati, e non sappiamo che invece potremmo farlo – come un bambino piccolo che ha paura di pedalare senza rotelle, piange e strepita e non si fida ma scopre che la bicicletta rimane in equilibrio lo stesso.

E in capo a questa settimana passata, per la prima volta in vita mia, a obbedire a delle regole assurde invece di intestardirmi a non ascoltare nessuno che non sia io (o la mia pigrizia), inaspettatamente mi ritrovo in equilibrio lo stesso. In equilibrio, e in mezzo alla strada, circondata dalle mie masserizie, mentre i traslocatori caricano le casse sul furgone.

Seconda settimana

Una settimana eleatica

Quante volte, da studentessa di filosofia, ho sentito parlare dell'*inganno dei sensi* – come se le orecchie e gli occhi e la lingua e le punte delle dita e persino il naso potessero mai ingannare qualcuno! E quante volte, anziché prendere sul serio quest'espressione cosí buffa, ne ho sorriso, convinta che fosse vero il contrario; solo dei sensi ci si può fidare, mi dicevo, e guardavo tramonti in cui il sole sembrava cadere sotto il disegno della linea del mare, annusavo fiori nei giardini per provare a indovinare i loro nomi, e nei reparti cosmetici dei grandi magazzini di nascosto provavo i profumi che mi parevano evocare qualcuno che un giorno avevo riconosciuto da quelle fragranze indelebili nel mio ricordo. Per abitudine e per convinzione mi sono sempre ripetuta che la sfiducia nei sensi è solo una vecchia superstizione, nient'altro che un antico pregiudizio da bacchettoni, senza nessun rapporto con lo scalpitare della vita – della vita che continua anche quando non ci facciamo attenzione, che cresce e si trasforma, lanciata in avanti come una freccia, e punta lontanissimo; e intanto il sole scompare dove non lo vediamo.

Continuo a pensarlo? Sí, tutto sommato sí. Nell'antica diatriba fra sensi e ragione, rimango una partigiana dei primi. Come tutti, immagino, a parte forse i neoparmenidei – esistono, sí: c'è gente, nel mondo, che ama fare scelte radicali.

Però devo ammettere, riflettendoci ora che è finita, che la settimana eleatica ha messo a dura prova questa fiducia che mi pareva ovvia, scontata, l'inscalfibile sottinteso della mia stessa esistenza. Cos'è successo, per scuotere una credenza tanto incrollabile? Ma soprattutto: come mi è saltato in mente di iscrivermi proprio a questa scuola, forse la piú misteriosa, la piú difficile, la piú inaccessibile di tutte, persino piú di quella pitagorica – che, quantomeno, offriva delle regole? È quel che mi domando ancora, sfinita da un'esperienza teoretica tanto radicale da mettere in dubbio quasi tutto quel che credevo di sapere. Curioso effetto collaterale, per l'eleatismo, quello di lasciarmi in preda ai dubbi. E dire che Parmenide, il quale fu pure allievo di un pitagorico, tale Aminia (almeno secondo alcune fonti citate da Diogene Laerzio, come Sozione), a prima vista sembrava cosí burbero e sbrigativo nell'escludere tutto quel che non fosse granitica certezza non solo dal campo dell'esistenza, ma addirittura dal novero delle cose di cui sia possibile parlare.

La principale tesi eleatica è di Parmenide, ed è piuttosto tautologica: *l'ente è qualcosa che è e che non può non essere*. È l'unica cosa che ricordo con certezza di questa enigmatica scuola, quando prendo in mano il Diels-Kranz per rimettermi a studiare.

Parmenide scrisse un grande poema in esametri, intitolato *Sulla natura*, come molti altri testi di filosofi antichi (evidentemente nessuno puntava sull'originalità dei titoli per distinguersi dai colleghi). Tanto è lapalissiana, almeno di primo acchito, la tesi fondamentale degli eleatici, quanto appaiono visionari i frammenti che restano del poema di Parmenid racconto in prima persona di un viaggio compiuto dal filosofo sotto la guida di alcune misteriose dee sulla cui identità gli studiosi dibattono da tempo. Scopro con una certa sorpresa che ancora ho in mente dai tempi del liceo i primi, bizzarri versi del proemio, riportati da Sesto Empirico che ne abbozza anche un'interpretazione:

> Le cavalle che mi trascinano, tanto lungi, quanto il mio animo lo
> poteva desiderare
> Mi fecero arrivare, poscia che le dee mi portarono sulla via molto celebrata
> Che per ogni regione guida l'uomo che sa.
> Là fui condotto: là infatti mi portarono i molti saggi corsieri
> Che trascinano il carro, e le fanciulle mostrarono il cammino...
> La dea mi accolse benevolmente, con la mano
> La mano destra mi prese e mi rivolse le seguenti parole:
> «O giovane, che insieme ad immortali guidatrici
> giungi alla nostra casa con le cavalle che ti portano,
> salute a te! Non è un potere maligno quello che ti ha condotto
> per questa via (perché in verità è fuori del cammino degli uomini),
> ma un divino comando e la Giustizia. Bisogna che tu impari a conoscere
> ogni cosa,
> sia il cuore inconcusso della ben rotonda Verità
> sia le opinioni dei mortali, nelle quali non risiede legittima credibilità».

Secondo Sesto Empirico le cavalle rappresenterebbero gli impulsi e le brame irrazionali dell'anima; la via «molto celebrata» che «guida l'uomo che sa» dovrebbe essere invece la speculazione fondata sul ragionamento filosofico. Le fanciulle sarebbero le sensazioni, che però, sia ben chiaro, mostrano il cammino *solo* a chi è già portato a superare le vie battute dagli uomini. E, sempre nell'interpretazione di Sesto Empirico, ad accogliere il filosofo è la Giustizia, dalla quale l'eletto apprenderà i due capisaldi della sua futura dottrina: primo, che *il cuore inconcusso della ben rotonda verità* è il saldo edificio della scienza, secondo, che *le opinioni dei mortali* non sono invece salde per niente.

A dire il vero, l'interpretazione regge bene, tranne per un dettaglio: sull'identità di questa misteriosa dea che accoglie il viaggiatore si accumulano secoli di discussioni, e non è affatto pacifico che si tratti della Giustizia. Secondo qualcuno sarebbe Mnemosine, la Memoria; per qualcun altro una divinità notturna, che potrebbe anche coincidere con Persefone, in piedi sulle porte della Notte, cioè dell'Ade. C'è chi dice che si tratti invece della Necessità (Ἀνάγκη, *Ananke*); Martin Heidegger sostenne che fosse la Verità in persona. Io, da adepta volontaria ma non propriamente iniziata ai misteri dell'eleatismo, mi accontento di pensare che forse il nome della dea rimane oscuro per imperscrutabile volere di Parmenide, e che devo fare attenzione alle parole, non alle generalità della signora.

Purtroppo le parole della dea fin dal proemio non sembrano meno sibilline della sua identità; e la faccenda si aggrava nel secondo frammento del poema. La dea difatti parla ancora, e noi passiamo dalla padella alla brace:

> «Orbene io ti dirò e tu ascolta attentamente le mie parole,
> quali vie di ricerca sono le sole pensabili:
> l'una <che dice> che è e che non è possibile che non sia,
> è il sentiero della Persuasione (giacché questa tien dietro alla verità);
> l'altra <che dice> che non è e che non è possibile che sia,
> questa io ti dichiaro che è un sentiero del tutto inindagabile:
> perché il non essere né lo puoi pensare (non è infatti possibile),
> né lo puoi esprimere».

Ritrovo con tenerezza le mie linee a matita, troppo calcate, forse un poco impazienti, sotto i passaggi che a lezione non capivo – e continuo a non capire. Ma ne avevo ben donde: il problema principale di questo frammento, secondo gli studiosi, è che Parmenide non rende esplicito il soggetto grammaticale di «è» e «non è»: non sappiamo neppure se si tratti di due soggetti diversi o se sia sempre lo stesso. Per qualcuno è implicito che si parli dell'oggetto della ricerca, invece secondo altri il poeta-filosofo avrebbe volutamente lasciato questo alone di vaghezza. Ma l'interpretazione piú accreditata è che a essere sottintesi siano ben due soggetti: rispettivamente, *l'essere* e *il non essere* – cosí le due frasi sarebbero proprio tautologie. Che l'essere sia e il non-essere non sia, insomma, è un po' l'uovo di Colombo: ma un uovo molto sodo, senza vuoti e senza incrinature sul guscio, liscio e rotondo come la verità. Le due tautologie sono entrambe vere, ma la seconda non sarebbe percorribile, perché secondo Parmenide il non-essere non è pensabile né dicibile. La prima, invece, è percorribile eccome, anzi il frammento 6, affermando che «dire e pensare sono l'essere», attua una fusione del piano ontologico con quello logico e linguistico. Dire che qualcosa è significherebbe dire non solo che *esiste*, ma anche che *è vero*. Ci sarebbe insomma, per Parmenide, una perfetta coincidenza fra il pensare e il dire (da una parte) e il loro oggetto (dall'altra).

Bertrand Russell scrive che la scuola eleatica ci ha consegnato il primo esempio, in filosofia, di un ragionamento esteso dal pensiero e dal linguaggio al mondo intero. Si può forse costruire un'ontologia piú lapidaria di cosí? Forse, mi dico, è persino *troppo* lapidaria.

Ho la testa che scoppia, a questo punto, ma cerco di tirare le somme. Devo ricordarmi che la vera via di ricerca, per una parmenidea quale vorrei essere questa settimana, si fonda sull'unico assunto dell'incompatibilità fra essere e non essere, e sulle conseguenze che (anche in contrasto con il mondo delle apparenze sensibili), se ne possono trarre tramite il ragionamento. In altre parole, l'effetto paradossale dell'affermazione di un Essere immutabile, ingenerato, immobile ed eterno, è che il divenire è abolito, e di nulla si può dire che scompaia. Devo considerare illusori tutti i mutamenti del mondo fisico. E se questo mi pare strano, non ho certo tutti i torti, perché la dottrina di Parmenide porta dritti dritti a delle conseguenze che contraddicono il comune modo di pensare: *paradossali*, appunto dal greco παρά (*parà*), cioè «contro», e δόξα (*doxa*), «opinione». Tant'è vero che il suo discepolo Zenone si industrierà a dimostrare la tesi del maestro per assurdo, cioè cercando di provare che se si fa quel che Parmenide vieta (se, cioè, si attribuisce l'essere al movimento e alla molteplicità), si finisce per impigliarsi in conseguenze insostenibili. Ed è questo che mi interessa, da aspirante eleatica: voglio provare a vedere l'assurdo nelle esperienze di tutti i giorni, nei pensieri che sono fin troppo abituata a formulare. Voglio allontanarmi da quello che mi appare ovvio, e provare a guardarlo in prospettiva, come se fossi trascinata nello spazio infinito da un carro guidato da cavalle alate.

Non è facile cominciare, con queste premesse, la mia settimana: potrei persino chiedermi chi me lo fa fare. Ma sento che ad attrarmi è la difficoltà dell'impresa, insieme all'inconsistenza degli appigli. Per quanto rimugini i frammenti del poema *Sulla natura*, mi sembra di ruminare una lingua straniera. Cerco altri testi che mi possano aiutare, e mi rivolgo a Platone, che teneva Parmenide in gran considerazione. La lettura del suo dialogo *Parmenide* l'avevo preparata per l'esame di filosofia antica, in un tempo in cui gli esami parevano questioni di vita o di morte, e andavano passati per poterti schiudere le sterminate possibilità di un'estate libera come possono esserlo le estati da studente. Era il testo che ci incuteva il terrore piú grande: non solo era l'argomento su cui interrogava l'assistente noto come Il Perfido, ma era anche difficile parlarne, si rischiava a ogni passo di inciampare. Provo ora, riaprendolo, la vergogna inconfessabile e anche piuttosto inutile di scoprire una lacuna nella mia memoria, in un punto in cui mi aspettavo che tutto fosse pieno, levigato, sotto controllo. E non so ancora che sarà anche questo il premio della mia settimana: accettare il fatto di non dominare il tempo né i ricordi, di non poterli addomesticare come vorrei. Ma questo non me lo immagino nemmeno, quando inizio.

Il *Parmenide* di Platone, riletto ora non per un esame, ma per capirlo e per tentare di iscrivermi una buona volta alla scuola eleatica, mi risulta sempre difficile, oscuro a tratti. Eppure ci vedo qualcosa che all'epoca non mi colpiva; uno scandaloso parricidio. Perché è il dialogo in cui Platone enuncia i fondamenti della sua teoria delle idee: e lo fa a partire da parole che mette in bocca a Parmenide, e che nascono da quelle teorie di Parmenide di cui a noi rimangono solo i frammenti che le intessono in un bizzarro poema.

Ma proprio nello stesso dialogo, per bocca di Socrate Platone confuta le teorie del Parmenide filosofo: come chi, arrivato in cima a un albero, dia un calcio alla scala che l'ha portato fin lassú e rimanga seduto fra i rami fronzuti a godersi dall'alto il panorama, sicuro in cuor suo di non avere piú bisogno di scendere. Di questa faccenda del parricidio avevo un ricordo vago: forse scarabocchiato fra i miei appunti dell'epoca, annotato su un quaderno come una cosa da dire all'esame per fare buona impressione sul professore che a lezione sembrava tenerci molto; ma solo adesso la capisco, la sento, e non è piú una lezione da ripetere a memoria, né una nota di colore biografico, ma qualcosa che ha a che vedere con il dolore profondo di abbandonare i propri maestri.

E io, quanti ne ho abbandonati, negli anni? Fin troppi ne ho cercati, per non lasciare a nessuno la possibilità di insegnarmi nulla, come non mi ha insegnato nulla Parmenide – se non a ridosso dell'esame, solo per permettermi di barattarlo con un bel voto, passaporto per un'estate spensierata. Non sospettavo, all'inizio, che nella settimana parmenidea mi sarebbe toccato riflettere anche su questo, e cercare di vincere la mia avarizia – di tempo, di esperienze, di fatica – per provare finalmente a essere generosa. Ma non è il caso di correre tanto, di mettere il carro davanti ai buoi in questa maniera precipitosa; bisogna che proceda con dolcezza e con ordine.

Perché ho scelto la scuola eleatica? Questa sí che è una buona domanda. È stato per via del trasloco. Lo so che alla fine della settimana pitagorica mi avevate lasciata per strada, armi e bagagli caricati su un furgone: mancava ancora qualche giorno al momento di lasciare la casa, ma nel frattempo, fiera di essermi organizzata tanto bene – grazie anche al pitagorismo, grande alleato nello sgominare la mia antica nemica interiore, l'accidia –, spedivo i miei averi nel mio futuro appartamento.

Al vecchio indirizzo non rimaneva nulla, mi dicevo; quasi nulla. Guardavo le librerie vuote, la polvere sottile che già cadeva sugli scaffali, su tutti tranne uno: quello della filosofia antica era ancora occupato, qualche libro dovevo pur tenerlo con me. Rimanere in casa per giorni senza nemmeno l'ombra di un libro sarebbe stato rischioso. Me ne sarei pentita, una notte, sveglia di soprassalto dopo un incubo nell'ora del lupo: come avrei fatto, allora, senza un libro che mi aiutasse a ritrovare il sonno sospeso? In cucina non c'era piú nulla, solo due o tre carabattole – un piatto, un bicchiere, una pentola piccola, le posate. E poi i vasetti delle spezie, le ampolline dell'olio e dell'aceto. Le mensole del bagno erano nude della selva di flaconi, tubetti e cremine che per molto tempo ci si erano affollati. Rimanevano ancora fard e rimmel, spazzolino e dentifricio, e il bagnoschiuma, lo shampoo, una spazzola rotonda e una normale, un pettine e un migliaio di forcine. E c'erano le lenzuola sul letto, una coperta leggera, qualche vestito, un paio di scarpe di riserva, l'abat-jour e un'altra piccola lampada, che avevo tenuto solo per paura che i traslocatori spezzassero il suo stelo sottile, che la faceva somigliare a un fiore.

Tutto questo, anche se non sembra, ha molto a che fare con Parmenide e con la mia iscrizione alla scuola eleatica. È stato quando il trasbordo era ormai quasi finito, e il camioncino era già partito, quando mi pareva che in casa non ci fosse *quasi* piú niente... È stato allora che ho scoperto che in certe circostanze particolari, come quelle di un trasloco, un numero finito di oggetti si può suddividere in una quantità pressoché infinita di contenitori, scatoloni, valigie e – soprattutto – viaggi alla casa nuova. Non avevo mai guardato cosí da vicino una dicotomia all'infinito; mai mi era sembrato piú reale, piú tragico e piú assurdo, il famoso paradosso di Achille e della tartaruga.

In quel paradosso c'è qualcosa di incomprensibile e persecutorio, e io me ne dovevo accorgere stipando ciò che restava della mia vecchia vita in valigie insufficienti, sacchetti e scatole di cartone, per ricordarmi all'ultimo di una piantina di basilico mezza morta sul balcone. Achille e la tartaruga sono i primi a venirmi in mente, quando penso ai paradossi di Zenone, forse anche per via dell'interpretazione umoristica di Lewis Carroll[5], il quale si inventò una tartaruga compassata e molto inglese, che mi ha sempre fatto ridere. Ma in realtà i paradossi di Zenone (che Bertrand Russell, molti secoli dopo la loro invenzione, avrebbe definito infinitamente sottili e profondi), sono ben quattro.

Quello di Achille e della tartaruga è in effetti il piú famoso: «il piú lento mai sarà ripreso nella sua corsa dal piú veloce; dapprima infatti l'inseguitore deve necessariamente arrivare là da dove s'è mosso il fuggitivo; sicché sempre il piú lento necessariamente si tiene un po' davanti». Proprio cosí: il piú lento – che Zenone, a quel che scriverà Aristotele, scelse di far impersonare da una tartaruga in gara con il *piè veloce* Achille, apposta per ottenere «un effetto piú melodrammatico» (e, aggiungerei, anche piú surreale) – «si tiene un po' davanti».

L'esperienza ci rivela che non è cosí che succede; e infatti la riduzione all'assurdo a cui tende il paradosso ci vorrebbe ammonire a non pensare che lo spazio possa

[5] «Achille aveva raggiunto la Tartaruga, e si era seduto comodamente sul suo guscio. "Cosí sei riuscito a terminare la nostra gara? – disse la Tartaruga. – Anche se si componeva di una successione infinita di distanze? Pensavo che qualche saccente avesse dimostrato che la cosa non si poteva fare".

"Si può fare, – rispose Achille, – è stata fatta! *Solvitur ambulando*. Tu vedi che le distanze diminuivano costantemente e cosí..."

"Ma se fossero aumentate costantemente? – interruppe la Tartaruga. – Come sarebbe andata a finire in questo caso?"

"Allora non sarei qui, – replicò modestamente Achille, – e tu, in questo tempo, avresti fatto varie volte il giro del mondo!"».

essere suddiviso, perché altrimenti cadremmo in trappola, come il povero eroe degli Achei costretto ad arrancare dietro al guscio dell'animale piú lento del mondo.

Anche gli altri tre paradossi[6], tutti contraddetti – come fa notare l'Achille di Carroll alla sua tartaruga – dall'evidenza che camminando si risolve ogni dubbio, rivelano che se ci mettiamo in testa di dividere il tempo e lo spazio, la suddivisione potenzialmente potrebbe proseguire all'infinito: quindi dobbiamo rassegnarci a non dividere né il tempo né lo spazio, e a considerarli invece come dati solidi e immateriali.

Iscriversi alla scuola eleatica vuol dire però resistere alla tentazione di perdersi fra le molte confutazioni di questi paradossi, inaugurate in pompa magna da Aristotele che nella *Fisica* mostra che riposano tutti sul malinteso dell'infinita divisibilità del tempo il quale, al contrario dello spazio – continuo –, sarebbe invece discreto, fatto cioè di istanti indivisibili.

Perché è vero che *solvitur ambulando*, come dice Achille; eppure questi paradossi non sono poi del tutto estranei all'elaborazione della teoria della relatività di Einstein. E la fisica quantistica ospita un'eco del nome di Zenone: è nel *Quantum Zeno Effect*, per cui un siste-

[6] Per il primo, detto «dello stadio o delle dicotomie», molto somigliante a quello di Achille (che è il secondo) non si può giungere all'estremità di uno stadio senza prima averne raggiunto la metà, ma una volta raggiunta la metà si dovrà raggiungere la metà della metà rimanente e cosí via: senza che mai si riesca ad arrivare all'estremità dello stadio. Il terzo è invece quello detto «della freccia», e mostra che anche se presupponiamo l'esistenza di punti e istanti indivisibili, il movimento risulterà comunque impossibile perché dalla somma di istanti immobili non può risultare proprio nessun moto: una freccia che pare in volo, in ogni istante occupa solo uno spazio pari alla sua lunghezza, e siccome il tempo in cui la freccia si muove è fatto di singoli istanti, in ognuno di questi la freccia sarà immobile. Il quarto, detto «delle masse nello stadio» solleva la difficoltà della tematica del continuo e rivela implicitamente la relatività del tempo: sottintende però che un corpo non possa avere velocità diverse variabili in base al sistema di riferimento (se due masse in uno stadio si vengono incontro, dice, ne risulta l'assurdo logico che la metà del tempo equivalga al doppio dello stesso tempo).

ma che decadrebbe spontaneamente è inibito dal farlo se sottoposto a una serie infinita di misurazioni.

E allora, anziché lambiccarmi a caccia di fallacie, mi accontenterò di osservare quel che questi paradossi mi fanno saltare agli occhi per la prima volta con un'evidenza inconfutabile: l'importanza del modo in cui *pensiamo* il reale. Zenone li inventò per offrire alla teoria di Parmenide una prova geniale e quasi impossibile da confutare: la riduzione all'assurdo. A Parmenide, lui era legato da un rapporto strettissimo che non sfociò mai in un parricidio simbolico come quello riservato da Platone al sapiente di Elea. Zenone era un uomo molto bello, a quel che dicono i suoi contemporanei: alto e fascinoso. Quando Parmenide era vecchissimo per l'epoca, e canuto – aveva cioè sessantacinque anni –, lui e Zenone, racconta Antifonte nel *Parmenide* platonico, se ne andarono insieme ad Atene per le grandi Panatenee. Fu in quei giorni che conobbero il giovane Socrate, con il quale Zenone, che aveva quasi trent'anni meno di Parmenide e un temperamento piuttosto focoso, battibeccava di continuo. Non è difficile crederlo: il suo era un carattere decisamente fumantino. Quando lo scoprirono a congiurare contro il tiranno Nearco, e durante l'interrogatorio gli fu chiesto con chi fosse in combutta, non solo lui fece i nomi di tutti gli amici di Nearco per isolarlo dai suoi fedelissimi, ma fingendo poi di volergli confidare un segreto, lasciò che gli si avvicinasse e gli piazzò un bel morso all'orecchio; o, secondo altri, gli staccò invece il naso. Un'altra versione vuole che, dopo averne dette di tutti i colori al tiranno e avergli dato del nemico della città, si mozzasse da solo, con un morso ben assestato, la lingua, al solo fine di sputarla in faccia all'(immagino) allibito Nearco, che comunque di lí a poco, su istigazione anche di questo gesto non poco teatrale, sarebbe stato lapidato dai suoi concittadini. Cosa sia vero e cosa no, di queste storie, è difficile saperlo; ma quello che è chiaro è che fanno una certa impressione, e che Zenone doveva morsicare forte. Soprattutto, non si risparmiava quando si trattava di combattere; quindi, per il vecchio Parmenide bianco di barba e di capelli, che si dice fosse stato il suo amante (e secondo Apollodoro l'aveva pure adottato), affilò senza esitare le armi di questi suoi ragionamenti, risparmiando nasi e orecchie di chi discuteva con lui nell'Atene in festa in cui conobbe Socrate, o nella sua città, Elea, che oggi si trova in Campania e allora, invece, era in Magna Grecia: la riduzione all'assurdo fu la fortuna dei suoi interlocutori.

Quando sposava una causa, per cosí dire, Zenone non si tirava indietro. E se questa urgenza di accanirsi tanto contro il movimento e la molteplicità sulle prime sembrava strana anche a me, la settimana eleatica mi ha poi mostrato che non si tratta di una bizzarria cosí estrema, con la scoperta dell'infinita divisibilità delle suppellettili di una casa, durante un trasloco; e delle innumerevoli, illimitate sfumature che assume l'avverbio «quasi» nell'espressione «quasi finito», quando è applicata al suddetto trasloco – o, a ben pensarci, a qualsiasi fatica.

Il passaggio dai paradossi di Zenone al piú kafkiano dei supplizi antichi – quello di Sisifo – assume una sua concretezza nella serie infinita di viaggi in tram fra la casa ormai vecchia e la casa nuova, avanti e indietro, indietro e avanti, con una valigia che riempio e svuoto di continuo nel corso di questa interminabile settimana eleatica. E nello smarrimento di ritrovarmi iscritta a una scuola che non mi concede nemmeno il conforto di una lista di precetti a cui attenermi (l'unico che si è salvato dalla corruzione del grande poema di Parmenide mi ingiunge di abbandonare il mondo dell'opinione e di non affidarmi che alla verità: come se fosse facile), scopro il puro valore esistenziale dei paradossi di Zenone. È vero, non sono regole di comportamento; ma sono regole di *pensiero*, e cosí mi ritrovo a riflettere sulla mia vita, invece di industriarmi a piegarla a qualche bizzarra prescrizione.

E quanto è piú difficile, quanto è piú amaro, come esercizio. Ho nostalgia della tersa pace pitagorica, di quella stolida obbedienza che avevo sviluppato per regole qualche volta anche incomprensibili, ma tanto rassicuranti.

Ora posso solo pensare, invece; e finisco a riflettere su quanto sia radicata in me l'abitudine di vedere la vita come la freccia che vibra nell'aria e vola velocissima, come un Achille che in due balzi supera la tartaruga senza nemmeno che quella se ne accorga, la lascia indietro, la dimentica, lontana, e lei rimane nella polvere della strada con la sua casa semovente, con il suo guscio tardo, con l'estenuante flemma dei suoi passi.

Sono abituata – *siamo* abituati? – a sentirci frecce scagliate lontanissimo; pensiamo di dover arrivare, vibrando nell'aria che basta a malapena a sostenerci, dritti all'obiettivo, di conficcarci nel bersaglio, tremare intorno alla punta affilata che ha colpito, ha colto nel segno – che è *arrivata*. Ma dopo due giorni che mi arrovello sui paradossi di Zenone e sul fatto che l'esperienza sensibile del trasloco non riesca, dopotutto, a contraddirli, mi prende un bizzarro desiderio, una tentazione irresistibile di rovesciare tutto quanto e guardare anche dall'altra parte, come se il mondo all'improvviso potesse marciare in senso contrario, come se volessi provare, fino in fondo, fino all'ultimo momento di questa settimana, a scomporre la mia esperienza in un prisma di stupore.

E allora inizio a ragionare in un modo che non è il solito, e a dirmi: e se fossimo frecce immobili? Se il puntare verso qualcosa non fosse che un puro accidente, e non una direzione che ci attira, non un luogo verso cui è giusto andare, non una meta, non un obiettivo? Se non ci fosse nessun bersaglio, nessun moto a luogo, nessun centro in cui conficcarci; se non ci fosse altro che l'immobilità sospesa degli istanti?

È strano: un pensiero cosí banale, che avrei sottovalutato se me l'avesse riferito qualcuno, magari a un ritiro di yoga, con l'intento di darmi un consiglio, di dirmi di rallentare un po' e chiedermi dove sto correndo, ora mi pare una rivoluzione, sconsolata e già un po' sconfitta, ma pur sempre una rivoluzione.

Forse è solo perché ci sono arrivata da sola, seguendo un percorso tortuoso, le pagine ingiallite e l'odore di libro vecchio che ha il mio Diels-Kranz, la desolazione della casa semideserta, l'aria di abbandono, l'improvvisa inconsistenza di un posto che avevamo costruito pezzo per pezzo perché dovesse essere la casa dei giorni futuri, quando tutto sarebbe stato facile. Ma ora che ci penso, proprio perché pensavamo solo a quello che ancora andava fatto, a domani, a dopodomani, a fra un anno, è stato come se la vita insieme mia e sua, in questa casa, non fosse mai iniziata.

Mancava sempre qualcosa: c'era in ogni momento una libreria da montare, un tappeto da comprare, un'abitudine che riuscivamo soltanto a immaginarci in teoria. Avremmo desiderato per esempio cenare a lume di candela, ripetevamo quanto sarebbe stato bello, eppure non lo facevamo mai. Prima, c'era immancabilmente qualcosa da perfezionare: la freccia, puntata verso un bersaglio invisibile, noi pensavamo che sarebbe arrivata a segno, e che ci sarebbe arrivata presto.

Ora vedo – e ci voleva Parmenide per rivelarmelo? la verità era lampante da sempre, ma io cieca; sí, ci voleva Parmenide e ci volevano i paradossi che Zenone costruí per amor suo duemilaquattrocento anni fa con implacabile intelligenza –, ora vedo che la freccia era ostinatamente ferma, in ognuno di quegli istanti in cui ci pareva di vederla viaggiare alla velocità quasi della luce. E invece la vita era immobile: era negli istanti in cui tutto doveva ancora succedere, in cui ci dicevamo che avremmo fatto questo e quello, e non lo facevamo. La vita era tutta in quei momenti di stanchezza e di sospensione; non era una corsa sfrenata, nell'aria che vibra, verso il bersaglio. Che dolcezza inattesa mi prende a questo pensiero; eppure, un attimo piú tardi mi sorprendo a esitare e a domandarmi se non sia per caso di disperazione. La differenza, a pensarci bene, non è cosí evidente: si tratta pur sempre di un abbandono.

E allora anch'io mi avvicino piano alla resa. Dovrei arrendermi al pensiero che non c'è bisogno di essere avari del proprio tempo. Credere che la freccia debba per forza andare a segno, credere che Achille con i suoi piedi veloci debba per forza lasciare indietro l'esasperante lentezza della tartaruga, certo, è naturale. È il pensiero che nasce dall'osservazione continua della realtà, da quel che ci ripetono i sensi, dal principio induttivo, che non intendo sbugiardare ora. Lo so anch'io che il paradosso di Zenone non tiene, perché è per l'appunto un paradosso, e lo sapeva bene anche lui, altrimenti non funzionerebbe nessuna riduzione all'assurdo; lo so che i sensi hanno ragione e non ingannano; non fino a questo punto, per lo meno.

E però c'è qualcosa che il paradosso mi insegna, in una casa quasi vuota, in giorni in cui mi sento fallire e penso alla bancarotta assoluta del mio tempo, delle speranze che ho spiato crescere, della vita che credevo di aver costruito, poco alla volta, perché l'avvenire potesse essere luminoso e facile e risplendere di quella straordinaria efficienza che tutti i pigri immaginano nella loro inesistente vita futura. I paradossi di Zenone mi insegnano che può anche essere un errore sovrapporre al tempo una freccia, credere di vederlo scorrere sempre in una direzione, dritto verso un obiettivo. E che ci derubiamo del tempo, della piccola perfetta finitezza degli istanti, quando lo proiettiamo tutto in avanti, quando immaginiamo di vederlo correre; quando pensiamo a quel che punta la freccia e non, invece, a cosa la sostenga nel punto in cui si trova.

Forse è vero che la tartaruga non è sconfitta nemmeno dal piú veloce degli eroi. Rincorrere esperienze che mi formino, che mi facciano crescere, collezionare fallimenti per impararne qualcosa, accumulare prima voti sul libretto e poi voci sul curriculum, soffrire per amore promettendomi che cosí non capiterà piú, addizionare successi e delusioni, segnare una nuova tacca sulla mia esperienza del mondo, allungare di un'altra pagina la mia biografia – insomma pensare la vita come un progresso continuo e obbligatorio, una risposta al dovere di crescere e di migliorarsi – all'improvviso mi sembra solo una distorsione, una strana illusione ottica.

Perché quest'abitudine di capitalizzare il tempo mi ha resa avara, insensibile alla perfezione degli istanti. Perché ho considerato fallimenti i momenti di immobilità, di silenzio, i momenti inutili; mi sono parsi sprecati e invece, forse, erano solo piú veri. Forse era nei momenti in cui la freccia rimaneva immobile, sospesa nell'aria, senza andare né di qua né di là, che il tempo mi si rivelava per quello che era: avrei capito, allora, se solo avessi osato guardare, che gli attimi lo componevano come perle che compongono una collana. Ma non li ho voluti vedere, non ho voluto acchiappare gli istanti uno dietro l'altro, ridendo come quando si mangia una manciata di ciliegie; e invece avrei potuto, dovuto, anziché rincorrere sempre l'obiettivo, anziché desiderare la velocità di Achille.

La vita è una, certo, come si ripete quando si vuole esaltare la spaventosa vertigine che dà il senso di avere un tempo limitato, quando ci si spaventa della rivelazione che le ore passate a dormire sono troppe, e si ha la sensazione di perderle, di vedere il proprio tempo che evapora nel nulla. Ma non sono piú cosí sicura che pensare di dover sfruttare ogni istante abbia davvero senso. Perché – ci faccio caso solo adesso, e chissà se ci avrei mai pensato, senza la sottile violenza logica che sulla mia concezione del tempo, finora cosí ostinatamente conformista, ha esercitato Zenone di Elea – proprio il fatto di credere che debba essere tutto utile, che ogni esperienza debba per forza servirci, farci crescere e maturare come frutti nella tarda primavera, rende avari di tempo.

Ci avete mai riflettuto? Io, per via della mia accidia (quella stessa accidia che ho tentato di curare con il pitagorismo), oltre che per la discutibile scelta di lavorare da freelance, mi ritrovo a sperimentare fasi alterne di indigenza relativa e di relativa agiatezza; e nel turbinoso avvicendarsi di queste due condizioni ho capito una cosa che, come i paradossi di Zenone, è piuttosto controintuitiva: e – che strano – arrivo a pensarla ora che medito sui bizzarri avvitamenti del tempo.

La questione è molto semplice: quando (ed è successo spesso) mi sono ritrovata con pochi soldi, il conto quasi scoperto, un senso di estrema precarietà oltre a qualche ragionevole dubbio sulle mie scelte professionali, una volta sopperito alle piú essenziali necessità mi sono sorpresa a sperimentare un distacco tutto nuovo dai beni materiali, dall'esigenza di avere di piú, di guadagnare meglio; un distacco che confinava con la generosità oltre che con una certa spensieratezza. Era incoscienza, era fatalismo? Sí, anche. Era però soprattutto una rassegnazione serena e divertita a una condizione che non mi sarei augurata di provare; era anche la scoperta che un pacco di pasta bastava per cinque pasti, ed esempio, e che dopotutto non avevo bisogno di molto altro, pagate le bollette. Non dico che sia bello o augurabile, e nemmeno che qualche volta non sia un po' iniquo, ritrovarsi senza una lira, senza potersi permettere di pensare, oltre che all'essenziale, anche un pochino al superfluo, o temere meno le emergenze.

Ma tutto sommato, per me almeno, è sempre stato liberatorio, in qualche modo tortuoso; mentre al contrario, nei periodi di maggiore agiatezza – per chiamarla in maniera lusinghiera – subentrava la sottile angoscia di disperdere i soldi, per una volta che ne avevo. Chissà se succede solo a me o se ne posso trarre una riflessione generale? Quello che so è che non appena mi ritrovavo ad avere qualche spicciolo in piú iniziavo a soffrire di ogni spesa. Potevo comprarmi il salmone affumicato, tutte le squisitezze che volevo: benissimo, non lo facevo, o se lo facevo, era con l'angoscia nel cuore, con l'ansia di vedere il gruzzoletto consumarsi. Eppure, mi dicevo, i soldi sono fatti per essere spesi – o no?

È un atteggiamento contraddittorio, certo. Ma non si limita al denaro. È buffo: somiglia molto a quel che mi succede con il tempo. Quando ne ho poco, quando ogni istante è prezioso – allora con il tempo sono generosa, ne gioisco; esiste solo il presente, e gli istanti sono come ciliegie. La paura di perderlo, l'avarizia con cui lo centellino, crescono quando ho la sensazione di avere del tempo da perdere: subito mi trovo vincolata al dovere di farlo fruttare. È allora che mi affanno a superare tartarughe, a scoccare a segno ogni freccia. E cosí le frecce che finiscono conficcate per terra, o fuori dal bersaglio, diventano muti rimproveri. Quelle frecce sono il senso di fallimento che mi ha assalita quando ho iniziato questo trasloco, alla fine di un amore. Il tempo che credo di aver perso amando *la persona sbagliata*, chi me lo ridarà indietro? Questo mi addolora – mi addolorava, almeno, fino a quando non ho incontrato Zenone. Che meschinità verso di me, verso la vita, verso il tempo, convincermi di averne perso tanto solo perché sono rimasta delusa, solo perché l'investimento non è andato a buon fine. Che orrore, ostinarsi a vedere una storia che finisce come una bancarotta – che stupido, pensare che il tempo e l'amore e la vita siano solo un richiamo all'efficienza.

Sí, mi aspettavo che lui sarebbe rimasto con me, nel presente e nel futuro, ma ci credevo davvero? E se la risposta è sí, perché allora tradisco quel senso di futuro ormai superato facendo a pezzi tutti gli attimi in cui la freccia era sospesa su un istante, e mi volto indietro a guardarli solo per dirmi che sono stati inutili?

Non sono stati inutili, invece; ma io ero incapace – finora – di apprezzare il tempo. Non mi sono potuta impedire di vederlo come una successione convergente, una freccia gigantesca che punta a un domani vagheggiato, a un'illusione. E invece quei momenti, come ogni stanco movimento della tartaruga, sono esistiti: solo, non nella prospettiva di un futuro che poi non è arrivato e nemmeno arriverà, a quanto pare. Sono esistiti come esiste questo presente, l'ultima sacca piena di carabattole, l'ascensore preso per l'ultima volta, che non è diversa dalle altre se non per il fatto di essere probabilmente l'ultima – questo però lo vedremo solo alla luce del futuro che adesso, ancora, non è. Non è nel tintinnare della griglia di ferro dell'ascensore che si ferma al piano, nel richiudersi improvviso delle porte, nella discesa rapida al piano terra, nel senso della gravità, che ci attira verso il basso, con l'ineluttabile senso dell'essere. È l'*Ananke* di Parmenide, il suo limite e fondamento? È questa immobilità eterna dell'istante, il segno della ben rotonda verità? O forse è solo il momento in cui accetto di scomparire, e scompaio dal palazzo, dalla casa che ho abitato; e, scomparendo, mi sottraggo al senso di colpa per essermi tradita?

Non penso piú di aver sbagliato, smetto di ripetermi che sono colpevole delle mie illusioni; se pure mi sono ingannata, era perché in quel momento l'aria sosteneva la freccia in una certa inclinazione, perché c'erano condizioni in cui non potevo essere sospesa diversamente;

perché era un attimo identico eppure diverso dal precedente, dal successivo. Disgrego i miei rimpianti in una nuova idea del tempo in cui il passato non è piú, come ho sempre creduto, quel che mi ha fatta approdare all'oggi ed è scomparso, ma una necessità che è stata necessaria quando era il suo turno, staccata da oggi, staccata da domani, come una perla in una collana. Non ho la sterminata parabola di una freccia, di fronte a me; e allora sento, infine, che mi posso dissipare in una miriade di istanti che non ho piú paura di sprecare.

Dismetto la mia avarizia di momenti, di nuovo, di vita; e la pretesa spropositata, superba, di poterli dominare tutti, di averli in pugno, mentre comincio a pensare che il tempo esiste apposta perché possiamo scialarlo, che esiste solo per poter passare.

La prima sera nella casa nuova, nel silenzio delle stanze ancora vuote, tiro fuori un libro che mi ero conservata per un momento in cui lo potessi aprire senza piangere. E finalmente leggo i versi di Valéry su Zenone, in un piccolo poema che parla di un cimitero sospeso sul mare.

Zenone! Duro Zenone Eleata!
Mi hai trafitto con quella freccia alata
Che vibra, vola e che non vola! Vita
Mi dona il suono, e la freccia mi uccide!
Ah! il sole... quale ombra di testuggine
Per l'anima, a gran passi Achille immoto!

No, no!... In piedi! Nell'era successiva!
Spezza, o corpo, la forma fissa! E bevi,
O mio petto, quel vento che si leva!
Una frescura, dal mare esalata,
Mi dà respiro... O forza salata!
Corriamo all'onda per balzarne vivi!

Nel silenzio ripeto l'ultimo verso, finché non perde ogni senso, finché non so piú per quante volte ho detto e ridetto le parole *corriamo all'onda per balzarne vivi!*

Tanto nessuno mi risponde, e perdendomi nel buio di un salotto in cui nessuno sa di me, mi sembra di possedere di nuovo il tempo, il mio tempo che non ho piú paura di sperperare.

Terza settimana

Una settimana scettica

Non potevo certo immaginarmelo, ma per la settimana scettica la mia guida sarà il personaggio di uno scioglilingua.

Non la famosa capra che sopra la panca campa e sotto la panca crepa – per quanto anche lei, vista in una certa luce, potrebbe apparire come un precursore del famoso gatto di Schrödinger; e da lí la strada sarebbe spianata all'esplorazione dei paradossi, all'obbligo di abbandonare i criteri del vero e del falso e di arrendersi all'inconoscibile. Ma non intendevo la povera capretta. Né i trentatre trentini trotterellanti, e neppure l'arcivescovo di Costantinopoli che minaccia, bontà sua, di disarcivescovocostantinopolizzarsi.

Mi riferisco ad Apelle, di cui la filastrocca, che lo vuole figlio d'Apollo, dice che fece una palla di pelle di pollo (*e tutti i pesci vennero a galla per vedere la palla di pelle di pollo fatta da Apelle figlio di Apollo*). Ma, per quanto affascinante (e vagamente disgustosa), qui non è la faccenda della palla di pelle di pollo, a essere importante.

Il fatto è che Sesto Empirico racconta un aneddoto bizzarro su un tale Apelle, che visse davvero, nel IV secolo a.C., ignaro del destino che l'avrebbe portato a diventare un giorno il protagonista di uno scioglilingua, e senza nemmeno accampare la pretesa di esser stato generato dai lombi del divino Apollo: si era limitato a votarsi all'arte apollinea della pittura.

Pare che questo talentuoso Apelle, pittore di fama (Alessandro Magno si affidava a lui per farsi ritrarre), una volta, dopo aver dipinto un cavallo, sia stato preso da quell'ira distruttiva che tutti gli artisti conoscono: la rabbia di constatare che le parole sulla pagina, i profili di un disegno, la sagoma di una scultura, ma anche il gusto di un manicaretto, il tono della voce in un monologo non somigliano affatto all'idea impeccabile che si aveva in mente. Ma stando al racconto di Sesto Empirico, fu proprio la reazione esageratamente irosa che gli causò il suo fiasco a cavare d'impaccio Apelle. In preda al furore per non essere stato in grado di dipingere la schiuma alla bocca del cavallo, gettò contro la sua creazione la spugna di cui si serviva per pulire il pennello. E per un'incredibile coincidenza la spugna bagnata, quando venne a contatto con la pittura, produsse un'inaspettata rappresentazione, e molto piú realistica di quanto Apelle potesse sognare, della bava che nella sua immagine ideale doveva ribollire agli angoli della bocca dell'animale.

Tutta questa storia sembrerebbe non avere alcuna relazione con lo scetticismo, giusto? E invece, grazie al resoconto che ne dà Sesto Empirico Apelle mi mostrerà, sia pure per via metaforica, la strada da seguire per diventare una scettica.

Sesto Empirico commenta l'episodio con queste parole: «Anche gli scettici, dunque, speravano di impadronirsi dell'imperturbabilità dirimendo l'anomalia degli eventi sia fenomenici che mentali, ma, non essendo in grado di riuscirci, sospesero il giudizio; e a questa loro sospensione seguí casualmente l'imperturbabilità, come ombra a corpo».

È chiaro – lo dice pure Sesto Empirico! – che non posso pretendere di padroneggiare fin da subito l'atteggiamento di imperturbabilità, o di *atarassia* (ἀταραξία) che dir si voglia, che caratterizza un vero scettico. L'atarassia, non la si raggiunge mica con uno schiocco di dita. Non dipende nemmeno dalla sospensione del giudizio secondo qualche rigido rapporto causa-effetto (alla stretta causalità gli scettici infatti preferiscono una consequenzialità casuale, come quella da cui nacque la schiuma del cavallo). L'atarassia è il premio del saggio, è una faccenda da professionisti dello scetticismo, e io sono ancora una principiante.

Devo quindi seguire l'esempio di Apelle. Non nel senso che mi tocca lasciarmi contagiare dalla sua iracondia, d'accordo; non ho la benché minima intenzione di gettare la spugna, né di farmi trascinare da turbolenti accessi d'ira. Ma la storia di Apelle mi insegna che per raggiungere questa benedetta, pacificante atarassia, per provare a essere felicemente imperturbabile, devo smettere di darmi da fare per avere tutto sotto controllo, e provare ad abbandonarmi al caso sospendendo ogni giudizio su quello che faccio. Come un pittore talmente incurante del destino della sua opera da lanciarci contro una spugna bagnata.

Diventare scettica, comunque, non è uno scherzo. Stiamo parlando di un orientamento filosofico tanto longevo e radicale, anche solo come possibile postura verso il mondo, da aver saputo attecchire nel linguaggio comune. *Hai l'aria scettica*, *ti vedo scettica*, *com'è che sei cosí scettica?* – sono frasi che mi sono sentita ripetere in un'infinità di occasioni, tutte le volte che, per esempio di fronte a qualche progetto strampalato, non ho mostrato al mio interlocutore l'entusiasmo che si aspettava di vedermi manifestare. Nella lingua che parliamo, lo scetticismo è slittato a designare non l'esclusione della possibilità di conoscere sul serio le cose, ma la freddezza nell'adesione a qualche impresa – scivolando dai piani nobili della gnoseologia alle sfumature di certi discutibili comportamenti sociali. Ma questa mia breve conversione filosofica non avrà a che fare (non direttamente, almeno) con i limiti del mio temperamento, né con la mia cronica carenza di trasporto. Qui si tratta, in primo luogo, di sottrarre la parola filosofica al linguaggio quotidiano e riportarla alle origini. Cioè al periodo in cui, fra il IV e il III secolo a.C., Pirrone e il suo discepolo Timone di Fliunte misero a punto questo nuovo modo di guardare alle cose: allora la *scepsi* (σκέψις), essendo un «controllo critico» sui possibili oggetti del sapere, si esercitava nel negare che esistesse un significato *assoluto* della realtà. Insomma, a differenza dello scetticismo moderno, che a partire dal Rinascimento tornò in auge prima di subire varie metamorfosi fenomenologiche, e che pone come vero il contenuto della conoscenza sensibile mentre ritiene falso il pensiero razionale, quello antico, pur riducendo ogni possibile conoscenza ai fatti della coscienza, non concede mai neppure a questi fatti la piena investitura della verità.

Ogni sapere dev'essere dunque soggettivo. Agli occhi dello scettico non c'è nulla che possa avere la pretesa di passare per vero: ogni cosa è incerta, e il saggio esercita un suo diritto (e un suo dovere) nel dubitare di tutto e nel sospendere (attraverso l'*epoché* [ἐποχή], «sospensione») qualsiasi tentazione di assenso alla verità delle cose. Il contraltare di questo atteggiamento è l'*afasia* (ἀφασία), cioè l'interruzione di ogni possibile discorso positivo; e, sul piano pratico, l'*atarassia* (che io spero di raggiungere seguendo l'esempio di Apelle): vie di accesso a una felicità che non ha nulla a che fare né con edonistici picchi di gioia, né con la soddisfazione di qualche istinto o desiderio, ma piuttosto con una serena impassibilità, un distacco equanime ed equilibrato dal mondo. È in questa forma di felicità, cosí calma e severa, cosí sospesa sopra le cose, che il saggio scettico ritiene realizzato il fine della sua indagine filosofica: riuscirò, io, ad arrivare a tanto?

Il fatto è che piú studio per prepararmi a questa settimana, piú mi rendo conto di quanto sia difficile educarsi al dubbio; mi muovo su un terreno accidentato. E poi: che scettica voglio essere? Perché lo scetticismo ha pure una storia lunga, e fra il IV secolo a.C. e il II d.C. ha vissuto varie fasi: pirronismo, scetticismo dell'Accademia, neoscetticismo. Faccio presto a capire che mi toccherà finire pirroniana con qualche sfumatura neoscettica, dato che una delle mie guide è Sesto Empirico, perfetto neo-pirroniano. Mi sarà piú facile, cosí, evitare i paradossi e le antinomie in cui mi impelagherei se mi avviassi direttamente sulla strada del piú dogmatico scetticismo accademico, e sostenessi a gran voce che non c'è nulla che si possa sapere: anche ammettendo che sia vero, per forza di cose io non potrei sapere neppure questo! E a quel punto non mi rimarrebbe molto da fare, mi ritroverei abbandonata in un vuoto pneumatico in cui con ogni probabilità naufragherei.

Ma andiamo con ordine: è cosa nota da un bel pezzo, che il senso delle proposizioni autonegantesi è sempre a rischio di esplodere in mille lapilli contraddittori che non portano a nulla. Funziona cosí almeno dai tempi del famoso paradosso del mentitore, di cui molte versioni sono state elaborate – fra gli altri, da gente come Paolo di Tarso, Aristotele; o Eubulide di Mileto, il filosofo megarico a cui Diogene Laerzio attribuisce la paternità del paradosso, che dimostrò che è impossibile provare la veridicità di un'affermazione apparentemente semplice come «sto mentendo». Anche Luciano di Samosata, riprendendo probabilmente una formulazione del paradosso che già circolava, lo riporta, raccontandolo da par suo come un aneddoto colorito e avvincente (destino che penso si meriterebbe ogni sofisma, ogni sillogismo: è bello assistere al momento in cui un'argomentazione filosofica prende vita e diventa una storia). Lo stesso rompicapo che negli *Elenchi sofistici* di Aristotele si raggruma nella secca assurdità di due esempi vaghi (è possibile giurare di rompere il giuramento che si sta prestando? è possibile ordinare di disobbedire all'ordine che si sta impartendo?) può diventare un piccolo racconto drammatico, capace di tenere con il fiato sospeso chi assiste alla bizzarra scenetta.

La storia è piú o meno questa: c'era una volta un coccodrillo gigantesco, e c'era un bambino che giocava, senza sospettare la presenza dell'enorme rettile, sulle rive del Nilo. Ma ecco che il coccodrillo, senza colpo ferire, acchiappa il piccolino. La madre se ne accorge e spaventatissima implora il bestione di restituirle il figlioletto. Il coccodrillo, che parla con grande proprietà di linguaggio (forse l'aspetto che piú mi delizia in tutta questa storia, che illustra un paradosso logico sfruttando il paradosso della favola) ed è anche molto astuto, rilancia con una proposta enigmatica: «Se indovini quello che farò, ti restituirò il bambino».

Allora la madre, già angosciata, si ritrova in un cul-de-sac, anzi ci si infila da sola. Infatti mormora, dal fondo opaco della sua paura: «Io credo che lo mangerai». Ed eccoci in pieno paradosso. Infatti, se a quel punto lei avesse indovinato – se l'azione che in effetti compirà l'astuto coccodrillo sarà quella di mangiarsi il pargolo – il coccodrillo dovrebbe restituirle il piccino. Però questo significherebbe che la mamma non ha indovinato affatto – vorrebbe dire, cioè, che il coccodrillo non mangia il bimbo. Insomma, questa povera madre non c'è verso che abbia indietro il figlioletto, se davvero il coccodrillo intende mantenere la sua promessa.

Quel che conta, per me che mi preparo alla settimana scettica, è che devo riflettere bene su una cosa che già molto tempo fa avevano osservato Sesto Empirico e Montaigne. In poche parole, lo scetticismo radicale è sempre a rischio: si rischia di cadere in contraddizione, a porre come verità assoluta un'affermazione autoconfutante come «non esiste nessuna verità». Come si può assodare la verità di un'affermazione che nega che la verità sia possibile? Non ha senso essere troppo dogmatici, mi dico, quando si tratta di fare gli scettici: l'assoluta coerenza mi porterebbe in un vicolo cieco. E Montaigne, dicevo (ma anche Sesto Empirico, che gli fece da maestro a distanza di secoli), appoggerebbe la mia risoluzione. Lo scetticismo accademico, quello che sposò le teorie di Platone con l'*epoché* e finí col negare ostinatamente che mai si possa conoscere qualcosa, è in fondo sterile. Meglio farsi pirroniani: sospendere il giudizio, ma continuare a cercare, a vivere, a imparare, senza lasciarsi paralizzare dalla sfiducia nelle proprie percezioni.

Lo diceva pure Sesto Empirico: non conosciamo certo le cose in sé, noi. Conosciamo solo le *sensazioni* che l'intelletto coglie. Che poi queste sensazioni, anziché rivelarli, velino gli oggetti stessi, è un altro paio di maniche: devo accontentarmi di pensare che tutto quel che so sono le impressioni che ho delle cose – non le cose stesse. Non c'è conoscenza che non sia soggettiva, se tutto nasce dall'atto di elaborare impressioni; o, come spiegava con molta piú eleganza Timone di Fliunte, che decise di farsi scettico dopo aver conosciuto Pirrone, «che il miele sia dolce mi rifiuto di asserirlo, ma che mi sembri dolce lo posso garantire». Mettendo le cose in questi termini – con tale coerenza che neppure Hume, quasi duemila anni dopo, avrebbe avuto molto da obiettare – il ragionamento sembra filare liscio.

Oltretutto, una risposta del genere chiudeva la bocca a critici petulanti come il peripatetico Aristocle, che per deridere la filosofia degli scettici punzecchiava Timone, mettendo in dubbio che potesse affermare, proprio lui che «non credeva in nulla», di aver mai incontrato Pirrone. Invece sembra proprio che Timone si sia imbattuto nel fondatore dello scetticismo sulla strada per lo stadio: si conobbero in un giorno di festa, mentre andavano tutti e due a Delfi, a vedere i giochi pitici. E fu una gran fortuna: se non fosse per Timone, oggi di Pirrone ne sapremmo molto meno, perché lui, fedele all'insegnamento e all'esempio di Socrate, non lasciò nessuno scritto filosofico. Ci pensò Timone: a quanto pare, era un personaggio piuttosto eclettico e molto prolifico. In gioventú fu attore, mimo e coreuta, poi si fece un'ottima fama come sofista: professione che non solo gli diede di che vivere per un bel pezzo, ma gli permise addirittura di accumulare un bel gruzzoletto. Fu anche poeta: secondo Diogene Laerzio lasciò ben 90 fra commedie e tragedie, 20 volumi di papiro di prose, e poi qualche componimento licenzioso; oltre a un poema in distici elegiaci intitolato *Le apparenze*, di cui sopravvivono solo pochi versi – fra cui l'enigmatico, o lapalissiano a seconda dei punti di vista, «vige il fenomeno ovunque, ovunque esso appaia». Scrisse, pare, anche un trattato *Sulle sensazioni*; e un dialogo che racconta del suo incontro con Pirrone e riporta le risposte del maestro alle sue domande, in una sorta di pionieristica intervista. Ma la sua opera, cosí vasta, è stata sbriciolata dal tempo, e l'abbiamo ereditata in frantumi; i piú significativi che ci restano facevano parte della sua raccolta di Σίλλοι (*Silli*), «versi scherzosi» (ne sopravvivono 133, in ben 56 frammenti). In uno stile che imita quello di Omero, Timone si burla dei filosofi megarici, degli stoici, degli epicurei e pure degli accademici, sbertucciandoli tutti in quanto dogmatici e deridendo la loro abitudine di accapigliarsi in dispute insensate e inutili, solo per attirare i giovani con il bieco fine di impossessarsi del loro denaro. Gli unici a salvarsi dagli strali di Timone naturalmente furono gli scettici – nel cui novero includeva anche Platone.

Nonostante il fatto che gran parte della sua opera oggi sia perduta, senza Timone la fase aurorale della dottrina scettica sarebbe stata molto piú difficile da ricostruire; invece, anche grazie alla sua devozione per il maestro Pirrone disponiamo di parecchie informazioni biografiche sulla guida che, senza troppi dubbi, mi sono scelta per il mio esperimento con questa scuola. La vita di Pirrone fu molto piú avventurosa di quanto ci si potrebbe aspettare; prima di tutto, apprendo che iniziò la sua carriera non come filosofo, ma come pittore.

Lo immagino dipingere le pareti del ginnasio di Elide, ignaro che un giorno un suo collega in quell'arte, Apelle, sarebbe stato additato come esempio da seguire per raggiungere la meta impervia dell'atarassia. Ma che ne poteva sapere, Pirrone, dell'atarassia, quando affrescava pareti? Ancora non era avvenuta quella che per lui fu una vera e propria iniziazione alla filosofia. Accadde, a un certo punto, che insieme al suo amico Anassarco, di cui oggi si sa poco piú che un nonnulla, prendesse a interessarsi alle teorie atomistiche di Democrito. Ma a cambiare il corso della sua vita, e a spingerlo a fondare la sua dottrina, fu la partecipazione a una delle spedizioni militari piú celebri dell'Antichità.

Sempre insieme ad Anassarco, da cui doveva essere inseparabile, Pirrone seguí Alessandro Magno (mica un condottiero qualsiasi) alla conquista dell'Asia: e con lui, si dice, arrivò fino in India. Conobbe l'imperturbabilità dei fachiri, la disciplina antica dell'indifferenza al dolore. Frequentò i magi in Persia, in India i gimnosofisti. Nello scetticismo, l'impronta della sapienza orientale è evidente.

Ma – con l'eccezione delle imprese militari che gli permisero di lasciare che il suo pensiero fosse influenzato dalla saggezza asiatica, e che difficilmente potrei replicare – non sembra troppo complicato vivere la vita pirroniana. Mi pare cosí straordinariamente tranquilla, l'esistenza di quest'uomo che decise di essere senza affanni: ripeto anch'io, allora, le parole di Timone, come una cantilena, quasi una preghiera, salmodiandole però senza ardore né eccessi di agitazione – non è bene lasciarsi turbare, neppure dal desiderio di somigliare a un maestro, se è un maestro di tranquillità. Anzi: a furia di ripetermi le sue parole, inizio a pensare che forse Timone esagerasse un po', a mostrare tutto quell'entusiasmo nei confronti di Pirrone – tanto da tradire quasi, mi dico, il nobile distacco dello scetticismo. «O Pirrone, questo mio cuore desidera apprendere da te come mai tu, pur essendo uomo ancora, cosí facilmente conduci la vita tranquilla. Tu che solo sei guida agli uomini, simile a un dio». Ma chi sono io per giudicare?, mi rimprovero. Non senza soddisfazione devo constatare che mi sono già immedesimata nel nuovo ruolo: sono piú realista del re, come si suol dire, o forse piú scettica degli scettici, piú tiepida degli atarassici.

In ogni caso, quello che piú mi attira della figura di Pirrone è il senso di tranquillità che spira; e le parole di Timone rivelano che anche lui ne rimase affascinato per la stessa ragione. Mi cullo all'idea di questa vita quotidiana esemplare, eppure fatta tutta di piccoli gesti, quasi noiosa. Leggo che il maestro viveva con la sorella, di mestiere levatrice. Lui, dal canto suo, non disdegnava i lavori domestici, e questo aspetto della sua biografia lo trovo irresistibile: Pirrone, capite?, Pirrone «simile a un dio», faceva le pulizie di casa e qualche volta, come fosse stato una contadinella qualsiasi, andava al mercato a vendere un maialetto o una pollastra. Il saggio non ha nessun bisogno di ostentare le differenze fra sé e l'uomo comune; essenziale è solo la libertà interiore, mi dico, mentre provo a riparare la lavatrice studiandomi le istruzioni da un video tutorial trovato su YouTube.

C'è qualcosa di profondo e quotidiano, qualcosa che sembra scandalosamente accessibile, nella vita del saggio scettico. Un saggio che mette la sua saggezza al servizio non di chissà quale ambizione, ma della piú piatta e rasserenante normalità. Prendete Pirrone, che va al mercato a vendere maialetti, Pirrone che arrivò in India al seguito di un condottiero leggendario, ma fu anche artista – come Apelle, e come Timone di Fliunte. Inizio a pensare che quella scettica sia una scuola da artisti, e in effetti non sarebbe illogico. Lo scetticismo dà la misura di quella distanza minima dalla vita che serve per poterla raccontare, per vederla tutta intera e riuscire poi a mostrarla. Io che pensavo ci si dovesse avvicinare, che fosse obbligatorio calarsi dentro le cose per capirle davvero, imparo il beneficio della prospettiva. È una sorpresa; mi ci vuole la mia settimana scettica, per comprendere fino in fondo quello che diceva il piú grande pirroniano dell'età moderna, Michel Eyquem, monsieur de Montaigne: «Ogni uomo porta l'intera impronta della condizione umana». Già: ma per avvedersene bisogna imparare a guardarsi un po' di sghimbescio, allontanarsi da sé stessi quel tanto che basta per capire di non essere cosí unici come sembrava ovvio credersi. Ma tutto questo sarà impossibile fintanto che non prenderemo un poco le distanze da quello che sentiamo, che proviamo; da quello che vediamo allo specchio. Quando inizio la mia settimana questa consapevolezza nuova è ancora di là da venire: infatti, dapprincipio sembrava tutto logico e lineare. Pareva molto semplice anche ispirarsi a Pirrone, Pirrone il pittore, che affrescò le pareti del ginnasio di Elide e vendette maialetti al mercato.

Naturalmente, fra il dire e il fare c'è sempre una bella differenza: mettere in dubbio da un momento all'altro le testimonianze dei sensi, per una che, come me, non è un'asceta, è un procedimento laborioso; eppure, dopo la ferocia con cui mi sono accanita a farlo nel corso della settimana eleatica, sembrerebbe tutto in discesa. Non devo pretendere che il bagno rigenerante che mi preparo senza tenere in debito conto il funzionamento aggressivo del boiler della casa nuova, sia davvero cosí caldo da farmi bollire nell'acqua come un'aragosta in un ristorante del Maine. Però, m'insegna Pirrone, nulla mi vieta di ammettere che a me l'acqua *appare* effettivamente troppo calda (e neppure di schizzare fuori dalla vasca in uno sventagliare forsennato di mani e piedi). Che quest'acqua sia *davvero* tanto calda è invece un'altra questione, su cui devo accontentarmi di mantenere il dubbio. Quantomeno, però, non sono costretta a fare la fine dell'aragosta, come forse mi sarebbe toccato la settimana scorsa, quand'ero ancora un'aspirante parmenidea obbligata a diffidare dei sensi. Ecco: improvvisarmi scettica *sembra* facile, ma lo sembra soltanto, o lo sembra come il miele sembra dolce o l'acqua sembra troppo calda.

In ogni caso, per aiutarmi nell'impresa di allenarmi al dubbio mi faccio venire un'idea che sarei tentata di definire quasi geniale: decido di non mettere piú gli occhiali, né le lenti a contatto, per tutta la durata dell'esperimento. Sono un po' astigmatica e miope, niente di grave; il fatto è che, senza lenti, vedo tutto sfumato. E il mio scetticismo inizia proprio quando mi metto nelle condizioni di non essere mai sicura di quello che sto guardando; quando posso prendere lucciole per lanterne, perché davanti ai miei occhi, soprattutto quando scende la sera, le luci danzano in un alone fluorescente, in un chiarore sospeso di cui non distinguo i confini. Nella luminosità soffusa che all'improvviso si leva, come un velo, fra i miei occhi e il mondo, è l'esitazione che ora mi impone lo scetticismo. Credo di vedere un amico per strada, un corvo che mi plana sul balcone; è un merlo maschio, il manto nero, il becco arancione; minuto, non gracchia nemmeno. Credo di vedere l'insegna di una panetteria – no, era un parrucchiere per signora. Mi ambiento cosí nel nuovo quartiere, e ci vuole pazienza, una pazienza infinita. Cammino piano, mi fermo con calma a distinguere le lettere incise sulle lapidi delle vie; leggo tutto due volte, disincaglio parole dal marmo e dalla nebbia. E quando i nomi a cui le vie sono intitolate sono nomi di persone che per qualche motivo si sono meritate un vicolo, un giardino o una piazzetta, in piccolo, sotto, c'è scritto quello che sono state in vita. Sospiro e decifro con lentezza, e quello che mi pareva un conduttore – strano, con un nome cosí antico – si rivela un condottiero. Un macchinista?, no, musicista. Non un fattore, un pittore. Un pittore come Pirrone, che forse riderebbe di me se mi vedesse, tutta tesa a compitare, a dubitare di quello che i miei occhi abbracciano d'istinto; ma no, a pensarci due volte, non riderebbe affatto. Uno scettico non ride, se si trova di fronte qualcuno che si sforza di percorrere la strada verso la saggezza, che si spoglia per la via delle certezze a cui l'abitudine l'ha incallito. La scelta di annebbiarmi la vista, il primo dei sensi attraverso i quali sono avvezza a vivere, a trovare il mio posto nel mondo, mi sembra ineccepibile. Sarei pronta a definirla un piccolo colpo di genio, dicevo; ma nemmeno ho finito di formulare il pensiero che già sento una punta di imbarazzo.

Perché un saggio scettico non si incenserebbe cosí. Non si incenserebbe affatto, e nemmeno compenserebbe poi il picco di ingiustificato orgoglio con quella viscida vergogna che mi sembra di sentir bussare al mio cuore. Non mi devo scomporre; e anche questo sembra facile, finché i sentimenti che riesco ad allontanare sono emozioni di poco conto, che sembrano riguardarmi solo da lontano e rimangono alla periferia della bizzarra rete di sensazioni, gioie e dolori che, dacché ho memoria, chiamo *me*.

Ma le difficoltà sono dietro l'angolo, come la vecchietta con cagnolino al seguito che, sperduta nella nebbia della mia miopia, vedo troppo tardi per evitare di inciampare nel guinzaglio. La bestiola mi abbaia contro, la signora è confusa, a me viene da ridere e forse anche da piangere. Il fatto è che non è facile vivere in un perenne smarrimento, ed è cosí, però, che vivo io durante la settimana scettica: del tutto disorientata, mi pare di aver perso i punti cardinali. Vivo in un quartiere che non conosco, in una casa ancora nuova; il trasloco mi ha stravolto le abitudini, è un trauma, e tanto recente. Ogni mattina rinnovo lo sgomento di svegliarmi nel letto che ho montato io stessa seguendo alla bell'e meglio le istruzioni, sentendomi piú sola che mai e accorgendomi – tardi – di aver capovolto l'orientamento del pannello della testata: credevo di aver visto bene, e invece sbagliavo. E ora, quando mi sveglio la mattina nel letto con la testata a rovescio, non so nemmeno dove mi trovo; una vertigine quotidiana, di smarrimento e di angoscia. Passa in un attimo, ma in quell'attimo è dura. Poi mi ricordo che, semmai, *mi sembra* dura, e allora sono pronta a cominciare la giornata, ad alzarmi, a sbattere la testa contro lo stipite troppo basso della porta.

Perciò, quando inciampo nel guinzaglio della vecchina non rido affatto, e neppure piango – cosa penserebbe di me Pirrone, se mi abbandonassi alle prime emozioni che *credo* di provare, se non tentassi nemmeno di costringermi all'atarassia, a non lasciarmi turbare?

Ma anche se non piango, qui il problema è un altro. È vero che sono riuscita, sfruttando un difetto della mia percezione – la lieve miopia e l'astigmatismo che avevo sempre corretto –, a mettere in dubbio i dati dei sensi; è vero che ormai è quasi automatico per me pensare che *mi sembra* di vedere un bassotto al guinzaglio di una vecchia signora, ma che potrebbe benissimo trattarsi di un porcellino d'India. È vero anche che il tram in arrivo *mi sembra* il 3, ma forse è il 9, e da questa fermata non l'ho mai preso, perché abito nella nuova casa da pochi giorni appena. Ma sarà la direzione giusta? Lo chiedo a due ragazzi abbarbicati sotto il pannello del percorso. Mi guardano come si guardano i matti – non sanno che sono una scettica. No: è quella sbagliata, quindi mi tocca attraversare la strada. Inchioda un motorino che non avevo visto arrivare, che non *mi era sembrato* stesse arrivando. Approdo sana e salva al marciapiede opposto, mi pare che ora si avvicini il mio tram; mi pare di essere al sicuro.

Per quanto una persona si possa sentire al sicuro quando, dopo aver rinunciato persino al beneficio di vederci chiaro per via di un esperimento esistenziale (che probabilmente sta prendendo tanto sul serio solo perché è un momento difficile), va a un appuntamento con l'uomo che l'ha lasciata sola, che l'ha costretta a rivoluzionare la sua vita perché di punto in bianco l'ha abbandonata: dalla sera alla mattina, lui non era piú sicuro di essere innamorato.

Già, lui non era piú sicuro: e ora eccomi qui, ora sono io che non posso essere piú sicura di niente. Mi telefona la sera del mio sesto giorno da scettica; sono appena rincasata, nonostante la chiave che non voleva entrare nella serratura, o meglio: che *sembrava* non voler entrare nella serratura, perché di fatto era la chiave del portone del cortile e non, come credevo, quella di casa. Non mi sono nemmeno spazientita per l'errore. Imperturbabile, ho provato tutte e quattro le chiavi del mazzo, anziché intestardirmi sulla prima. Se avessi avuto gli occhiali, se ci avessi visto chiaro e avessi scelto direttamente quella giusta, avrei risparmiato tempo, andando a colpo sicuro. Ma mi colpisce il pensiero che, se avessi subito infilato nella toppa la chiave giusta, e quella avesse avuto qualche problema a girare, di certo mi sarei allarmata e avrei cominciato ad armeggiare sulla porta pensando al conto astronomico che mi avrebbe presentato un fabbro se mi fosse toccato chiamarlo d'urgenza. Mi sarei innervosita, poi preoccupata, poi, forse, avrei provato il delizioso sollievo che nasce dallo scampato pericolo. Cosí, invece, niente sollievo, ma neppure un filo di panico: sono rimasta di una calma olimpica.

È quasi paradossale, ma il fatto di sapere che forse mi stavo sbagliando fin dal principio mi ha concesso di rimanere molto piú rilassata, mentre a una a una provavo tutte le chiavi del mazzo. Eccola qui, la prima lezione importante che, quasi senza farci caso, ho imparato dai miei maestri scettici: se metti in conto di poter sbagliare, se non ti imponi l'onere di aver ragione a tutti i costi, ti risparmierai gli eccessi di sofferenza anche quando sbagli davvero. Chi non sa dove sta andando non rischia di perdersi, giusto? E tutto questo lo capisco grazie al semplice trucco che ho adottato: grazie alla scelta di non vederci chiaro. Mi rendo conto di quanto questa prassi possa risultare problematica nella vita di tutti i giorni, di come possa essere un intralcio insopportabile: eppure, non posso ignorare il fatto che, a furia di provare, la chiave giusta la trovo sempre. Anzi: penso anche che (concentrandomi molto) ormai potrei riconoscerla persino al buio, solo tastando il profilo della seghettatura. Questa mia nuova abilità – ne sono consapevole – forse non sarà utilissima (a meno che non salti la luce proprio mentre mi trovo sul pianerottolo, per dirne una): serve, però, a ricordarmi che porsi dei limiti significa anche inventare strade per aggirarli.

La sera del mio sesto giorno scettico, insomma, succede qualcosa di inaspettato: mi telefona lui. Gli squilli cominciano a imperversare quando ancora non ho infilato la chiave buona: ho lasciato il cellulare dentro casa, *credevo* di averlo con me, ma lo credevo soltanto. La chiave giusta è l'ultima del mazzo, come sempre: quella che tento solo dopo aver scartato tutte le altre. Il telefono sta squillando ancora, il che, se non fossi scettica, mi darebbe ancor prima di rispondere la certezza che sia lui. Quando stavamo insieme mi chiamava sempre due volte di fila, per essere sicuro che rispondessi. Almeno questo lo ricorda, penso con un remoto sussulto. Mi correggo: *potrebbe* ricordarlo ancora, sempre ammesso che sia lui. E la sua voce al telefono è subito un poco piú lontana, piú sfocata, e basta coi sussulti del cuore. La sua voce al telefono mi sta dicendo che deve restituirmi due libri che per errore si è portato via di casa. Io non ho nessuna voglia di ascoltare, non voglio saperne di questi libri, almeno credo di non volerne sapere un accidente; ma non ho intenzione di fare scenate durante la mia settimana scettica, né di tenere inutili musi lunghi. Allora provo a immaginarmi Pirrone, quando gli toccava di fare le pulizie di casa perché la sorella levatrice doveva correre ad assistere qualche partoriente: chissà se non avrebbe preferito fare qualcos'altro, lui che era pittore, filosofo e viaggiatore, e soprattutto maestro di scetticismo. Io non ho nessuna voglia di farmi restituire alcunché, eppure è chiaro: devo cedere. Pirrone lo farebbe.

Ci incontriamo in un bar lontano da casa mia ma, credo, anche da casa sua, per quanto nessuno dei due sappia con precisione dove si collochino, adesso, le rispettive case. E pensare che una volta, quando dicevamo *torno a casa*, oppure imploravamo, *torna a casa!*, ci riferivamo sempre allo stesso posto, al solo posto che sia stato casa per tanto tempo. Il pensiero che oggi potrebbe chiedermi in che via abito mi si aggroviglia in testa come un serpente velenoso.

Ad ogni modo, eccomi seduta con lui a un tavolino. Settimo giorno da scettica, l'ultimo. Mi pare che abbia l'aria piú giovane, piú riposata, piú allegra di come ricordavo. Ma dev'essere perché non porto gli occhiali e persino lui, che ho sempre trovato scuro, al limite del fosco, con i suoi capelli nerissimi e quella barba che si è fatto crescere anno dopo anno, mi appare circonfuso di luminosità – un piccolo regalo che il mio astigmatismo elargisce a tutti coloro che mi si parano davanti. Da qualche parte dentro di me sento un'eco di esultanza: è come se la faticosa educazione al dubbio di questa settimana avesse reso improvvisamente impraticabili le vie dei pensieri guardinghi e dei sospetti, quelle stradine tortuose e arzigogolate che ho sempre battuto rimuginando su minuscole incongruenze, come forse fanno tutte le persone insicure, tutti quelli che temono a ogni istante di perdere l'amore, quelli che vivono in attesa del pignoramento di tutto ciò che li rende felici. In altri tempi la sua bizzarra luminosità mi avrebbe messa in allarme. Avrei cominciato a lambiccarmi il cervello escogitando tranelli per costringerlo a confessare quella che avrei temuto essere la causa di questo inaspettato fulgore. E poi, per il solo fatto di temere una precisa ipotesi impalpabile, avrei iniziato a sovrapporla, nella mia testa, alla verità. Lavorando con la precisione di una sarta, avrei cucito una versione che seguisse perfettamente la sagoma della mia paura: e mi sarei tanto ostinata a farla coincidere con la realtà, da renderla infine vera. Come la madre del bimbo rubato dal coccodrillo, che non può non dire a voce alta quello che teme, la mia paura sarebbe tanto forte da avverarsi in un batter d'occhio. Non è cosí che funziona il pensiero magico, d'altra parte? Ma ora che sono una scettica, nel mio ragionare di magico rimane ben poco.

Un tempo, vedendolo tanto rilassato, avrei reagito proprio come fece Catone quando lo scettico Carneade, insieme al peripatetico Critolao e allo stoico Diogene di Seleucia, arrivò a Roma, nel 156 a.C., in missione diplomatica da Atene, e iniziò a tenere delle lezioni molto frequentate dai giovani romani che smaniavano, a quell'epoca, per la cultura greca. Catone il Vecchio, che come il suo soprannome rivela era parecchio all'antica e teneva forse troppo al suo ruolo di custode dei buoni vecchi valori di Roma, reagí da vero bacchettone. Del resto, lui viveva secondo una disciplina rigidissima, e pretendeva che tutti gli altri facessero altrettanto; era stato capace di cacciare dal Senato un tale Manilio, candidato al consolato, solo perché aveva baciato la propria moglie in pubblico e in pieno giorno, come racconta Plutarco, concludendo con un dettaglio esilarante: «e rimproverandolo gli disse che sua moglie non l'aveva mai baciato, se non quando tuonava».

Comunque, quando Carneade arrivò a Roma, Catone si avvide presto del suo ascendente sui giovani romani, e andò su tutte le furie, e a forza di inveire, in Senato, contro i rischi di corruzione cui la gioventú sarebbe stata esposta al contatto con la cultura greca (che Catone doveva odiare con tutto sé stesso), riuscí a far cacciare via i tre filosofi-diplomatici. Ovviamente fu tutto inutile, perché la moda della filosofia, che lui aborriva, a Roma attecchí molto bene – e per fortuna. Dunque anche il vecchio Catone, proprio come la mamma del bambino rapito, fu vittima della sua stessa paura e la trasformò in una profezia autoavverante.

E io? Io, se dovessi fidarmi di quello che vedo, di quello che sento – se non pensassi ormai, almeno per questa settimana, che le emozioni sono solo vacue fantasie e non hanno alcun fondamento nella realtà –, mi direi che tutta questa luminosità che m'infastidisce al solo intuirla, questo suo sguardo ridente, una causa ce la devono pur avere, e salterei subito alla sola conclusione logica che mi paia convincente: c'è un'altra, ha già preso il mio posto. E siccome la gelosia, fra tutti i possibili sentimenti, è quello che piú accende la mia iracondia, andrei su tutte le furie e, come Catone contro il povero Manilio, inizierei a farneticare che almeno io ho il buongusto di mostrarmi pallida, sbattuta e sofferente.

Invece mi dico che sarà l'astigmatismo, che forse non è nemmeno poi tanto splendente, lui, ma che a me appare cosí per via di un difetto della *mia* vista. E bevo un goccio di tè verde. Per poco non caccio un urlo, tanto scotta; il sorso è stato precipitoso, ma dovevo pur impedirmi di pensare.

Con rauca compostezza gli dico che *mi sembra* troppo caldo. Lui mi sorride, sembra un po' stranito. Ormai lo scetticismo incide, eccome, sulla mia conversazione. Non faccio che premettere doverose frasi di circostanza; persino le chiacchiere da ascensore, quelle scambiate con perfetti sconosciuti, si sono fatte astruse, tutte piene di supposizioni e cautele. D'un tratto mi sono resa conto di quanto sia perentorio dire «fa caldo», «fa freddo». La vita sociale, per uno scettico, è indubbiamente piú complessa e sfumata di quanto si potrebbe pensare. Oltretutto, credo che coltivare molto a lungo questa filosofia possa portare, a poco a poco, a ritirarsi dal consorzio umano, o quantomeno a sviluppare una crescente contrarietà, se non avversione, alle chiacchiere. Che senso ha, infatti, stare a sentire opinioni spacciate per verità e doversi sorbire tanto stupore e tanti occhi strabuzzati ogni volta che ci si esprime con le necessarie precauzioni? Dopo un po', deve diventare proprio stancante.

Lui sorride e ha l'aria di essere un po' distratto, come se stesse seguendo il filo di qualche suo pensiero. Io non gli chiedo niente – afasia: l'unico atteggiamento possibile di fronte a una realtà che ci sfugge. Non gli chiedo niente e aspetto che mi dia questi famosi libri per cui mi ha convocata qui.

Da una cartellina di tela che ha posato sul bracciolo della sua sedia tira fuori due romanzi che amo molto, ma che non posso non domandarmi se mi piacerebbero anche riletti ora, da scettica. *Cime tempestose* e *Anna Karenina*. Potrei prenderli sul serio, adesso? Potrei immedesimarmi, nello stato in cui sono, in Catherine e Heathcliff? Sarei capace di non diffidare di personaggi che, travolti da una passione straziante, dimenticano persino di mangiare il loro porridge – l'alimento base dei personaggi di Brontë – o che saltano sotto i treni per una sciocchezza come un amore infelice? Dovrei cimentarmi in questo esperimento di lettura, mi dico: ma poi prevale la prudenza. Può anche darsi che una sola settimana non basti a conquistare una tale immunità alle passioni da permettermi di veleggiare impunemente per i mari in tempesta dei grandi romanzi ottocenteschi: potrei anche rovinare tutto l'esperimento, o peggio, rovinarmi il rapporto con questi libri, che adoro. Meglio provare con qualcosa di piú novecentesco, di piú ellittico.

Mi domando come mai lui si sia «per errore» portato via questi miei romanzi; non chiedo nulla, però, anzi non arrivo nemmeno a formulare fino in fondo il pensiero che mi si è affacciato. Forse in questo periodo lui si sente squassato, come quella piccola folla di anime inquiete, da passioni troppo forti?

Giocherello distratta con la sovraccoperta dei libri perduti e ritrovati senza che ne avessi notato l'assenza. C'è un capello dentro *Anna Karenina*, un capello lungo e piú chiaro dei miei: è rimasto appiccicato alla colla della costa, come se il libro fosse stato appoggiato, aperto, su una qualche superficie – *un cuscino?* – in una bizzarra promiscuità con la padrona di quel capello. Devo uscire subito da questa sciocca spirale di pensieri. Che sarà mai, un capello? Lunghi cosí li porta ora la mia amica L., l'ho incontrata qualche settimana fa, che si era appena fatta un balayage.

Devo uscire da questa ragnatela di idee assurde. Lui mi sta guardando e sembra ancora perplesso. Ha posato il cellulare sul tavolino. Si volta per chiedere qualcosa al cameriere, credo, e il legno comincia a vibrare. È il suo telefono, suona e in un lampo compare sullo schermo un nome, ma non solo un nome, anche una foto. La vedo sfocata, nella solita luminescenza vaga. Laura fa una specie di sorriso con le labbra tutte increspate, il che le conferisce un'espressione vacua, stupida avrei detto in altri tempi. Come un fulmine, mi passa per la testa un pensiero rapidissimo, perentorio – lo caccio, lo caccio immediatamente! Solo un innamorato può trovare attraente un'espressione del genere.

Devo allontanare questa idea, come si allontana una mosca fastidiosa; allungo la mano verso la teiera, verserò un po' di tè, un ottimo diversivo.

Succede tutto in una frazione di secondo; almeno mi sembra. Urto per errore il becco della teiera, scotta – *mi sembra* che scotti, pardon, ma la sensazione è cosí forte che reagisco contraendo di colpo la mano – e senza volerlo assesto quasi un pugno al bricco che si inclina, uh! si rovescia, un'onda di acqua bollente sul telefono, lo schermo si oscura, si formano delle bollicine tutt'intorno, è come il cavallo di Apelle! Incredibile.

Mi viene quasi da ridere, ma non rido affatto. Sto zitta – afasia. Nemmeno mi scuso; se non altro, sono uscita dalla spirale dei pensieri bui. Mi pare, almeno.

Quarta settimana

Una settimana stoica

«ανέχου καί απέχου» (*anechou kai apechou*), *sopporta e astieniti*, scrivo in piccole lettere evanescenti lungo il ripiano di una mensola della libreria; la mina è affilata e mi sento vagamente colpevole – per questo lo faccio con timidezza, a matita, evitando l'inchiostro, troppo perentorio: eppure so benissimo che, quando si decide di fare qualcosa come scrivere motti in greco sui mobili di una casa in affitto, tanto varrebbe osare, spingersi fino in fondo; oppure, rinunciare fin da subito.

Ahimè, però, non mi appartiene – nonostante sia reduce dall'esperienza pirroniana della mia settimana scettica – la spensierata stravaganza del signor di Montaigne, che incideva massime a tutto spiano nelle spesse travi di legno della sua biblioteca, ben piú preziose dello squallido composto di trucioli pressati di cui sono fatti questi scaffali Ikea.

Qui tutto è provvisorio, pure i motti. Questo, per esempio, mi dovrà accompagnare per una settimana, poi chissà; una volta che sarò epicurea lo potrò cancellare, e se non lo farò sarà solo per pigrizia. Anche se inizio a pensare che questi esperimenti bislacchi mi stiano cambiando piú di quanto avrei potuto credere di primo acchito. Che sia il mio recente scetticismo, ormai assorbito dall'organismo come zucchero (*o veleno!*, mi affretto a pensare, per equilibrare il paragone e ricondurmi immediatamente a una sobria *epoché*, evitando slanci che mi sbilancino in questo o quel senso), a impedirmi di rendere definitivo il motto, di imprimerlo in un modo che sia irreparabile sul serio? *Sopporta e astieniti*, mi ripete Epitteto nel suo greco trascritto a matita. In questo periodo, poco ma sicuro, se c'è un'attività cui mi dedico con impegno è quella di sopportare e astenermi. Sopporto l'idea di aver subito un tradimento che mi è parso, lí per lí, il piú grottesco degli affronti. Mi astengo dai propositi di vendetta, da crudeli fantasie di rivincita; mi astengo anche dal raccontare a chicchessia l'accaduto, e non saprei dire se sia piú per vergogna di me o vergogna di loro, dello squallore di questo infelice triangolo scaleno.

Mi ostino a lunghi silenzi, come se volessi portare con me la postura necessaria all'afasia anche oltre i confini della settimana scettica; in silenzio sopporto, in silenzio mi astengo e trattengo e contengo ogni emozione troppo violenta per il mio equilibrio. Un po' perché lo scetticismo mi ha insegnato a considerarle chimere campate in aria: ma soprattutto perché ora, forte di quell'allenamento, mi sento pronta a diventare una stoica – sia pure, è vero, per sette giorni soltanto: ma la vita è corta, e forse io sono troppo indecisa per legarmi per sempre a un'unica scuola.

Ma per facilitarmi l'impresa, questa settimana ho a disposizione qualcosa che potrei paragonare a un magnifico libretto di istruzioni; e stavolta sono massime che descrivono una pratica precisa della filosofia, non le ostiche formule magiche dei pitagorici.

Lo stoicismo è una filosofia eclettica e cosmopolita: è vero che mantenne sempre il nome mutuato dal luogo in cui nacque, la Stoà Poikile, un porticato alle porte di Atene tutto istoriato dagli affreschi del pittore Polignoto (fu lí che Zenone, arrivato ad Atene da Cipro, dalla città fenicia di Cizio, stabilí la sua scuola intorno al 300 a.C.). Ma è vero anche che la sua popolarità fu enorme e trasversale, e anziché spegnersi con il passare del tempo nel tramonto dell'età ellenistica, seppe mutare nei secoli, lasciandosi abbracciare anche da molti pensatori cristiani interessati alla sua morale del dovere e del sacrificio e alla concezione provvidenzialistica sottesa alle dottrine fisiche dello stoicismo. La fisica stoica si figura il mondo, infatti, come un immenso essere vivente penetrato dall'anima divina, i cui cicli vitali si compiono quando tutti gli astri tornano nella stessa posizione che occupava all'inizio: a quel punto, una conflagrazione cosmica riporta gli elementi al caos originario da cui l'universo rinascerà per portare a termine un altro ciclo. Ogni evento, nel mondo stoico, è fatale, e persegue un suo destino sotto il governo di una sorta di provvidenza che veglia affinché qualsiasi cosa raggiunga il fine per cui è nata.

Ma oltre a questa fisica finalistica, gli stoici architettarono un intero sistema logico, scopro studiando sulle dispense dei tempi dell'università e ricostruendo vecchi ricordi mezzi cancellati nella memoria. La loro logica fu molto innovativa, forse anche troppo per i tempi in cui la elaborarono: tanto che le toccò essere riscoperta e rivalutata nel corso del XX secolo. E fu proprio uno stoico, Crisippo, a introdurre lo studio della grammatica nel senso attuale del termine.

La massima fondamentale dello stoicismo, in ogni caso, è il monito a *vivere secondo natura*, cioè rispettando il principio divino insito in tutte le cose: il λόγος (*logos*). Il saggio stoico, imperturbabile (*apatico*[7], cioè) e giusto, evita le passioni come la peste: le ritiene vere e proprie malattie dell'anima e soppesa ogni accidente non secondo criteri personali, non seguendo i propri gusti o idiosincrasie, ma sotto il rispetto della grande legge razionale della necessità del *logos* che tutto regola. Per l'etica stoica, che disprezza ogni mollezza edonistica, la virtú è un dovere e – rabbrividisco – il saggio che non possa, per cause di forza maggiore, comportarsi in maniera virtuosa è tenuto a ricorrere all'isolamento assoluto dagli altri uomini, e se le cose si mettono davvero male, al suicidio. Anche senza arrivare a tanto, sento che non sarà affatto facile adattare la mia postura a una filosofia cosí severa. Con lo stoicismo non si scherza, poco ma sicuro.

Per fortuna, dicevo, a guidarmi ho un manuale, nel vero senso della parola. Ho l'*Enchiridion* – che come dice il suo nome (ἐγχειρίδιον, «che si tiene in mano») è un libretto da conservare con sé. Io per tutto il tempo che durerà il mio stoicismo, avrò con me il *Manuale* di Epitteto, che piaceva moltissimo a Marco Aurelio, lo stoico imperatore, e fu tradotto in italiano da Giacomo Leopardi, il quale trovava che contenesse «non poche sentenze verissime», e insieme «molti precetti e ricorsi sommamente utili, oltre una grata semplicità e dimestichezza del dire».

È un librino prezioso e fin da subito, leggendolo, sento nascere in me una simpatia fortissima per il suo autore. Ha ragione Leopardi; c'è un che di profondo,

[7] In greco, la parola «apatia» – ἀπάθεια – non potrebbe essere piú eloquente a proposito dell'atteggiamento del saggio stoico, composta com'è da ἀ privativo e πάθος «passione, affezione, dolore».

tenero e affettuoso nei consigli di Epitteto. Dalle massime spira qualcosa che somiglia a una serena confidenza, una fiducia nella vita che potrebbe essere quella di un amico saggio. E trovo commovente l'idea del filosofo che confezionò questo piccolo vademecum sopravvissuto ai secoli che ha attraversato, perché potesse accompagnare chiunque lo tenesse fra le mani nella prosa della vita quotidiana. Ho trovato in rete, in libero accesso, la traduzione di Leopardi, che provo a immaginare tutto intento a tradurre la consolazione e l'incanto di questa saggezza mai forzata, a cui non si può replicare se non lasciandosene vincere piano piano. Me la sono fatta stampare e rilegare alla copisteria qui vicino, e ne è uscito un libricino piccolo, non tanto da starmi tutto in una mano, ma quasi. Lo tengo sempre con me, per quest'intera settimana. Sul comodino quando mi addormento, accanto alla tovaglietta quando mangio. È come un talismano, una presenza silenziosa che mi rassicura. Epitteto, lo penso come un amico che non si fa vedere da tempo, di cui si possono però rileggere lettere e messaggi. Intavolo silenziose conversazioni con lui, mi sembra di averlo davanti, con qualche approssimativa tunichetta, i sandali di cuoio un po' ritorti, perché il poverino era zoppo. Le notizie sulla sua vita sono scarse, ma non per questo meno appassionanti: Diogene Laerzio, che di motti e facezie di Zenone di Cizio, il fondatore dello stoicismo, ne spande a piene mani, su Epitteto è molto laconico, lo nomina a malapena; e neppure Simplicio si mostra troppo collaborativo. Per fortuna c'è un'enciclopedia bizantina del x secolo, la *Suda*, che, piú generosa di informazioni, ha permesso di conservare alla memoria dei posteri la traiettoria (pur tratteggiata con qualche vaghezza) della vita di quest'uomo eccezionale, che nacque schiavo ma seppe, con il suo manuale, dissezionare la libertà in una sfilza di precetti che ancora ci insegnano a vivere a venti secoli di distanza.

Si dice che Epitteto sia nato in Asia Minore, per la precisione in Frigia, nella città di Hierapolis. La schiavitú l'aveva fin nel nome – che infatti, secondo alcuni, non era che un soprannome. Oltretutto, il fatto di condividere le prime tre lettere con Epicuro ha creato fra i due una gran confusione ritrattistica, una folla di barbuti busti scultorei contrassegnati dall'abbreviazione «Epi» che non si sa bene se rappresentino l'uno o l'altro.

Epitteto (Ἐπίκτητος) vuol dire «acquistato», e quelli erano tempi in cui gli schiavi si acquistavano e si vendevano con una certa disinvoltura. Cosí accadde anche a lui, nato da madre schiava, schiavo forse pure per parte di padre: se lo comprò a un bel momento un tale che portava il nome piuttosto infelice di Epafrodito. Il quale, a sua volta, era un liberto; e un liberto in carriera, tanto che diventò il segretario, ricchissimo e influente, di Nerone, l'imperatore piromane. La vita di Epafrodito dev'essere stata parecchio interessante e avventurosa: Svetonio racconta di come, nel 68 d.C., abbia accompagnato Nerone nella sua fuga e gli abbia persino dato una mano a suicidarsi. Il che, però, segnò il rovescio definitivo della sua fortuna, nonché del suo potere: lui che aveva avuto per schiavo uno dei filosofi morali piú eminenti della storia, lui che era stato il segretario di un imperatore di smisurata ambizione e pari crudeltà, fu prima esiliato e poi fatto uccidere da un altro imperatore che non andava troppo per il sottile, Domiziano. Ma prima di subire questa sorte, forse durante il breve regno di Tito oppure quello di Vespasiano, il pittoresco Epafrodito aveva nel frattempo liberato Epitteto. Il quale inciampò anche lui nelle prepotenze di Domiziano, che pensò bene di mettere al bando i filosofi tutti – compreso il trentenne Epitteto. Che migrò allora in Epiro e si stabilí nella città di Nicopoli, di cui trovo su Google un paio di foto piuttosto laconiche sull'aspetto che doveva avere ai tempi di Epitteto: qualche rovina delle terme e del Ninfeo romano, cipressi, il mare scintillante, altri cipressi, perché la cittadina (di cui oggi rimangono solo rovine, un museo archeologico e un centro abitato, Préveza, a pochi chilometri) affacciava su un golfo.

A quanto pare, il buon liberto in Epiro ci arrivò zoppicando: sul fatto che fosse storpio le fonti concordano. E siccome gli era toccato in sorte di nascere schiavo in un periodo in cui la zoppia di un servo poteva benissimo essere attribuita ai maltrattamenti da parte del padrone, si sospetta che della sua fosse responsabile Epafrodito. Su questa ipotesi insistettero molti commentatori, fra cui Celso, forse anche per far risaltare al massimo il suo eroismo nel sopportare una vita irta di avversità che però, almeno secondo i resoconti che ne restano, si concluse tutto sommato serenamente. Può darsi che a farlo zoppicare per tutta la vita sia stata invece una semplice malattia reumatica: sta di fatto che, quale che fosse la ragione della sua menomazione, non si sarà certo trattato di un colpo di fortuna. Del resto essere stoici non è una passeggiata; anche al di fuori della filosofia, nel linguaggio comune, significa assumere un atteggiamento di costante, imperturbabile sopportazione. E non è dal giorno alla notte che uno può coniare, come Epitteto, massime semplicissime in grado di confortare chiunque voglia tentare di mantenersi ragionevole e saldo anche di fronte alle prove piú dure, e sia disposto a ricordare che «le cose sono di due maniere; alcune in potere nostro, altre no», e ad accettare che è vano accanirsi a cambiare quelle che appartengono alla seconda categoria.

Ricapitolando: uno schiavo – zoppo per colpa delle percosse incassate o di una qualche malattia – il cui padrone fu esiliato e ucciso dopo aver servito un imperatore passato alla storia con la fama di pazzo sanguinario, si ritrova a un certo punto liberto e si dà alla filosofia, seguendo le orme dello stoico Musonio Rufo, ma per questo stesso motivo finisce per essere spedito a sua volta in esilio; approda infine a una città ancora giovanissima, piccola benché fosse la capitale dell'Epiro romano, fondata solo una cinquantina d'anni prima da Augusto per celebrare la vittoria di Anzio. A Nicopoli, però, le cose iniziano ad andargli meglio. E cosí Epitteto aprí la sua scuola, a quanto pare molto frequentata. Il futuro imperatore Adriano si farà tutta la strada fino all'Epiro solo per consultare il saggio; e un altro imperatore, Marco Aurelio, nei suoi *Ricordi* parla diffusamente di lui e lo annovera fra le sue guide spirituali, nonostante non l'abbia potuto conoscere di persona, essendo nato quando Epitteto ormai era, se non morto, abbastanza anziano da non essere lontano dalla fine.

Mi dico che ho fatto bene a scegliermi un maestro di questa statura – del resto, l'ha seguito pure Marco Aurelio: posso forse pretendere altre garanzie? La vita di Epitteto è una di quelle vite filosofiche che esercitano su di me un ascendente fortissimo, magnetico, come se la mia ignoranza e l'abisso dei secoli che ci separano non contassero piú nulla di fronte all'affetto che sento germogliare insieme all'ammirazione, intellettuale e morale.

Per qualche motivo che non so approfondire, a scatenare in me questa simpatia che somiglia tanto alla devozione sono sempre quei filosofi le cui vite manifestano una resistenza tenace alle avversità – come il povero Spinoza che, scomunicato con il marchio infamante dello *herem*, visse per molti anni isolato in una piccola casa umida, comunicando per vie traverse con i suoi amici rimasti ad Amsterdam e pubblicando anonimi i suoi libri rivoluzionari, sotto la costante minaccia che il suo nome potesse saltar fuori per la delazione di qualche furbastro, e per mantenersi si dedicò a polire lenti: mestiere insolito e pericoloso. A furia di inalare polveri di silicio rinchiuso nel suo bugigattolo all'Aja, il povero Baruch finí per morire a poco piú di quarant'anni, tisico; e ancora pochi giorni prima di spirare scriveva ai suoi amici lontani, tutti preoccupati per lui, lettere confortanti e a loro modo quasi liete, che dicevano che stava meglio e non aveva ragione di lamentarsi. Ma non divaghiamo – per quanto, alla fin fine, anche Spinoza non fosse del tutto alieno allo stoicismo, e la diversione non sia vagabonda come potrebbe sembrare.

A rendermi irresistibile il pensiero di queste vite, credo, è l'accostamento alla saggezza serena e generosa degli scritti che chi le ha vissute ha lasciato ai posteri, che poi saremmo noi. Nel caso di Epitteto, è quasi un miracolo che qualcosa di scritto rimanga. Perché lui, che se ne infischiava della gloria e della fama letteraria, come Socrate (e Pirrone), non scrisse nulla di suo pugno. Non scrisse nulla, eppure ci resta il suo manuale, oltre a una raccolta di *Diatribe*: grazie al cielo – anzi, grazie al carisma e alla saggezza di cui dava prova – al liberto claudicante dalla vita avventurosa capitò di avere un discepolo molto affezionato, che si chiamava Flavio Arriano. E il buon Arriano, che era nato a Nicomedia ma poi si trasferí a Nicopoli, dove per l'appunto frequentò Epitteto, decise di trascrivere tutto quello che il suo maestro diceva durante le lezioni.

Di questa iniziativa sono profondamente grata a Flavio Arriano – e mica solo io: perché l'*Enchiridion* fu un testo importantissimo anche per Blaise Pascal, oltre che per Marco Aurelio, il caro vecchio Montaigne e Giacomo Leopardi, che lo tradusse nel 1825. Epitteto arrivò fino in Cina, con Matteo Ricci, il gesuita missionario che alla fine del Cinquecento cercava un mezzo per instaurare un dialogo con la cultura locale e, persuaso che la morale stoica fosse quella piú compatibile con il confucianesimo, usò il manuale di Epitteto come ponte (o come cavallo di Troia, a seconda dei punti di vista), e ne tradusse in cinese diverse pagine (ovviamente orientandole in senso cristiano), in quello che chiamò il *Libro dei venticinque paragrafi*.

Oltre che del prezioso librino stampato in copisteria, mi munisco anche di una lampada a olio. Proprio cosí: anche se a dire il vero mi ci sono imbattuta per caso – domenica, alla vigilia dell'inizio della mia settimana da stoica, poco dopo aver scarabocchiato sulla mensola della libreria, a matita, il motto di Epitteto.

È una lampada ma ha la forma di una salsiera, brunita dall'uso e da quella patina che sui metalli non nobili depositano gli anni di dimenticanza. L'ho trovata nel bel mezzo di quella bolgia orgiastica di rigattieri improvvisati e di appassionati di cose diroccate, che è il mercatino della prima domenica del mese qui sotto casa – sotto casa nuova, voglio dire.

Mi ha ammiccato al sole, in bella vista sul banco, fra una bambola con un braccio solo e una zuppiera di porcellana; non ho potuto non prenderla, anche se di certo non l'accenderò mai. Ma che senso può aver avuto comprare una vecchia lampada, non solo inutile, ma pure brutta? Ecco: dovrebbe essere una sorta di monito a ricordarmi di Epitteto. Luciano di Samosata racconta, infatti, che quando morí era talmente famoso che un ammiratore comprò per ben 3000 dracme una lampada a olio che gli era appartenuta. Proprio come succede oggi con i vestiti di Marilyn Monroe o con le mazze da golf di JFK, battuti all'asta per cifre astronomiche, cosí accadde anche allora – in un tempo lontanissimo improvvisamente vicino al nostro – che un estimatore si comprasse a caro prezzo un oggetto appartenuto a una celebrità.

La mia non la posso certo considerare una riproduzione fedele di quella lampada per cui un ignoto riccone ellenistico sborsò una cifra tanto alta da lasciar stupito pure uno scrittore navigato come Luciano: quella doveva essere d'argilla, credo, mentre io invece mi terrò questo ferrovecchio di lanterna-salsiera in bella vista sulla scrivania perché ogni mattina, al momento di mettermi al lavoro, mi ricordi di pensare a me stessa come a un'omologa piú sfortunata di quel creso che si aggiudicò l'originale. So bene che sono proiettata molto lontano, nel vortice dei secoli e dello spazio, rispetto al tempo in cui visse l'antico collezionista: allora lo stoicismo era considerato una filosofia adatta a re saggi e a scrittori insigni, e il ricordo di Zenone di Cizio era ancora relativamente fresco. Ma se ho comprato questa lampada che somiglia tanto a quella di Aladino è anche perché, forse inconsciamente, volevo che mi fosse di ammonimento pure rispetto a un'altra questione: quella dei desideri. Mi devo cacciare bene in testa che non ci saranno geni da richiamare a piacimento perché esaudiscano i miei ghiribizzi: al contrario, se il mio genio è Epitteto, se sarà lui che evocherò con la mia brutta lanterna brunita, lo farò con il preciso intento di lasciare che mi insegni anche a desiderare con criterio e moderazione, non a struggermi di capricci né a pretendere l'impossibile.

Ora, infatti, è importante che cerchi di orientare i miei pensieri nella direzione giusta, se voglio provare a comportarmi da stoica. Ed è uno sforzo urgente, perché questa settimana non avrò piú la cautela conquistata con lo scetticismo a proteggermi dall'attrazione vertiginosa per il gorgo delle sofferenze d'amore. La lampada del mio genio stoico saprà aiutarmi a censurare fantasticherie inutili, a zittire la tentazione di dissiparmi in una spirale di autocommiserazione e desideri destinati a finire frustrati?

Per non andare subito fuori strada mi attengo, come fosse una mappa, al manuale di Epitteto: appunto su un post-it che poi appiccico alla lampada qualche principio fondamentale a cui far riferimento – un piccolo vademecum estratto dall'*Enchiridion*. L'importante è che non mi salti in mente di lasciarmi prendere da desideri *che io non sappia con certezza che saranno realizzati*. «Non desiderare cose impossibili», annoto sul foglietto giallo, ma so che non è abbastanza; cosí aggiungo un'altra riga: «e nemmeno improbabili», e sottolineo con un tratto di matita l'ultima parola. Ma non basta. «Desidera solo quello che sai che succederà», scrivo, e finalmente sono stata chiara, anche se ho esaurito tutto lo spazio del post-it e, mi pare, anche le mie risorse.

Come riuscirò a impormi di desiderare solo quello che posso legittimamente attendermi di ottenere? Non ho mai considerato che il desiderio potesse essere questo, una forma minima di aspettativa la cui soddisfazione sia certa, scontata, prevedibile. Ho sempre pensato ai desideri come aneliti all'ignoto, ghiribizzi imbizzarriti, slanci di un cuore che segue strade tutte sue; li ho creduti, sempre, intessuti piú di materia inconscia che dei risultati di qualche calcolo probabilistico che possa decretarne in anticipo il tasso di soddisfazione.

Ma la mia sorte e i miei pensieri, in questa settimana stoica, li ho affidati al motto di Epitteto: sopporta e astieniti, *sustine et abstine*, ανέχου καί απέχου, canticchio fra me e me, constatando che in greco e in latino si possono fare dei giochi di parole con questo motto, e in italiano no, a meno che io non dica, come in effetti comincio a fare, *sostieniti e trattieniti*. Devo mantenermi salda, lasciar perdere illusioni e chimere: meno male che sono reduce da una settimana di duro allenamento scettico. Eppure spegnere le attese, me ne accorgo ora, non è per niente facile. Non è facile realizzare questo rovesciamento, questa rivoluzione dei tempi e dei modi della felicità. È come se di punto in bianco dovessi dimenticarmi che esiste il congiuntivo, riportare tutto a un eterno indicativo, presente, passato e anche futuro. Mi rendo conto che, per automatismo, da sempre sono abituata a impiegare il mio presente come una lunga, qualche volta laboriosa preparazione per qualcosa che *spero* di ottenere in un domani molto prossimo, qualcosa a cui ambisco con tutta la vaghezza che circonfonde i pronostici abbelliti dalla fantasia. Lavoro tanto oggi per essere piú tranquilla domani: ma sono sicura che sarò piú tranquilla, che mi potrò riposare? Sono sicura che differire il piacere non sia un modo per negarmelo? No, non lo sono affatto. Eppure spero in un premio, spero di ottenere qualcosa con lo sforzo che mi sobbarco; e la speranza in una piccola ricompensa, una gratificazione in un avvenire ancora impalpabile, è quello che permette di sopportare, nell'immediato, la fatica e magari qualche rinuncia.

In un certo senso, fare gli stoici – sostenersi e trattenersi – non è cosí difficile, se lo si fa nella speranza di un premio in arrivo. Ma se non possiamo piú affidarci neppure alla speranza? Se dobbiamo vagliare severamente pure il futuro, anzi, soprattutto le attese che proiettiamo sul futuro, senza poter concedere al desiderio la vaghezza che lo mantiene elastico, duttile ai capricci dell'umore – cosa ci salverà dalla noia e dallo sconforto? All'improvviso mi rendo conto che l'unica strada praticabile è quella di calarmi nelle cose, le cose in sé, anziché nelle mie pretese. È come se presente, passato e futuro assumessero di colpo un peso specifico maggiore; e tutto si facesse piú concreto, piú pragmatico. È concreto l'oggi, dev'essere concreto anche il domani, pure quello che mi immagino. Non sarò delusa, se non mi illudo. Ma è tanto difficile arrivare, di punto in bianco, ad addomesticare la speranza, che mi tocca, come sempre, inventarmi un sistema pratico. Ho bisogno di un piccolo trucco semplice che mi permetta di allenare, passo dopo passo, il mio corpo e la mia mente: mi serve qualcosa che mi costringa ad assumere la postura che voglio ottenere. Come un giardiniere solerte, per farlo crescere alto e dritto, circonda un giovane alberello di sostegni e forcelle, cosí io devo impormi una costrizione che faccia crescere le mie risoluzioni per il verso giusto.

Mi concentro su una domanda: qual è una disciplina, un contesto, in cui si lavora per ottenere un risultato prevedibile e concreto; in cui è per lo piú pericoloso avventurarsi guidati solo da speranze vaghe e irrealistiche? Mi rendo conto che questo potrebbe essere un criterio valido, in una certa misura, per tutte le arti umane, dallo yoga alla musica: ma per quanto riguarda gli esiti, nell'ambito dell'estro e della creatività, la gamma dei risultati possibili e imprevisti è troppo vasta per non rendere esageratamente elastico l'azzardo. Ci sono: devo solo cucinare. Non nel senso piú ispirato e artistico, no – per fortuna, la mia inettitudine ai fornelli mi sarà di grande aiuto, risparmiandomi i rischi dell'ambizione e dello slancio creativo. Prediligerò ricette semplici, le affronterò con aspettative ben precise e possibilmente non eccelse; saranno regole facili da rispettare, che mi allenerò ad applicare senza azzardarmi a sperare in esiti rivoluzionari.

Grazie a questa trovata mi esercito al metodo stoico della *diairesi* e della *proairesi*: non sarà un sistema ortodosso, ma se c'è qualcosa che fin qui ho imparato dagli antichi, è quanto possa essere difficile pensare come loro, e fuorviante *pretendere* di pensare come loro. Essere cosí calati nel tempo, in ogni istante, cosí interi, cosí poco trascendenti e, insieme, cosí profondamente presenti alla vita da superarne il confine piú angusto, piú personale: non è per niente facile, soprattutto non lo è per me, per noi – per quanto possiamo essere spregiudicati e sentirci privi di preconcetti –, condizionati come siamo da credenze e tabú vecchi di millenni, e tanto diversi da quelli di questi greci che conosco piano piano nelle testimonianze, nei frammenti e negli aneddoti.

Per questo, come un addestratore educa un cane sfruttando gli stimoli fisici per abituarlo a una posizione e non a un'altra, qua la zampa, a cuccia, seduto, io devo provare a educare i miei pensieri; e per farlo comincio da gesti semplici, automatici.

Compro un bel libro di ricette greche per rendere il mio metodo, benché bizzarro, piú intonato all'obiettivo che mi sono prefissa. Va bene usare metodi alternativi: però voglio farlo *in stile*. Oltretutto, questa frenesia di volteggiare fra pentole e griglie, fornelli e pirofile, rischi continui e non sempre schivati di ustione, mi mantiene vicina al cuore della fisica stoica, che ruota tutta intorno al fuoco. Dei bagliori corruschi della mia cucina quando è sera, approfitto per riflettere sul bizzarro panteismo dei miei maestri di questa settimana. Friggo a tutto spiano *kolokythokeftedes* – polpettine di feta e zucchine da pucciare nello *tzatziki*, che ho appena finito di frullare; impasto e cuocio la pita, e intanto penso, assorta tra i rumori di cucina, la ventola del forno, il ticchettio del timer, al mio mondo, e al mondo loro, quel mondo razionale degli antichi. Penso a come sarebbe il tempo se avessero ragione gli stoici, e il ritmo cosmico fosse imposto da un *fuoco artigiano* (πύρ τεχνικόν [*pir technicon*]) dalla cui energia si genera un universo che vivrà solo per un periodo limitato di tempo prima che scoppi la conflagrazione dell'*ecpirosi* (ἐκπύρωσις), in cui tutto brucia, esplode, per poi tornare a rinascere, in eterno, in una continua *apocatastasi* (ἀποκατάστασις), come gli stoici chiamavano la perpetua riconciliazione che restaura, ogni volta, i particolari del mondo tali e quali com'erano prima che il fuoco (l'ecpirosi, pardon) li distruggesse. Apocatastasi, che parola magnetica, mi ridico mentre sforno tortini bruciacchiati e penso alla difficoltà che ho a ripetere i gesti quotidiani, a non strappare le solite concessioni alla pigrizia – ora cucino, per esempio, per educarmi: ma quanti giorni erano che spiluccavo insalatine scondite, pur di non dover lavare i piatti, pur di evitare quei compiti della routine domestica che sembrano sempre annullarsi, ogni giorno che passa, come se la loro durata si misurasse in poche ore? Quanto tempo era, che limitavo al minimo ogni attività materiale, tutti i cosiddetti lavori di casa, per la noia di pensare che su un pavimento appena spazzato la polvere inizia a posarsi di nuovo, in quel lungo movimento inarrestabile che pervade tutto ciò che esiste?

Ma cucinare mi dà una mano anche nel campo della mia educazione all'etica stoica. Spennello di miele certi dolcini di pasta croccante, guardo le mie mani dar forme, magari sbilenche, agli ingredienti sparpagliati sul tavolo. La cucina è un disastro, ogni volta che finisco di prepararmi uno di questi pasti greci mi tocca passare lo straccio dappertutto, e di nuovo, poi, lo dovrò rifare daccapo. Ma per qualche motivo, in questa spirale di ripetizioni inizio a trovare un senso, un ritmo. Mi impratichisco nell'interpretare le ricette: nella scelta di ingredienti, cotture, intingoli da cucinare esercito la mia *diairesi* (il giudizio preliminare, quello che mi permette di giudicare se qualcosa è o non è a mia disposizione: la farina, ce l'ho? altrimenti non posso cominciare). E sfodero la *proairesi*, la facoltà raziocinante grazie alla quale è possibile distinguere fra le esperienze sensibili sulla base del significato che si dà alle percezioni: anche qui, faccio pratica di stoicismo mentre stabilisco se mi sembra che ci sia abbastanza sale, o ne manchi ancora.

Non credo che Epitteto sarebbe entusiasta di quest'applicazione della dottrina, ma da par suo la sopporterebbe, come si fa con tutte le entità *aproairetiche*, cioè quelle cose che non sono in nostro potere: il patrimonio, il corpo, la reputazione. O i comportamenti altrui, mi dico: come potrei, come avrei potuto pensare che fosse in mio potere fermarli, evitare che lui e Laura si incontrassero nel giorno in cui fra loro, evidentemente, qualcosa cambiò all'improvviso?

Ecco, nonostante tutti i miei sforzi mi ritrovo a ripensare al fattaccio. Avevo cercato di non permettermelo mai, dopo quella sera: mi ci ero intestardita, ignorando le telefonate, quelle di lui e quelle di Laura, che volevano spiegarmi, chiarire, raccontarmi. Come potrebbero indovinare che per me quel che combinano è tutta robaccia aproairetica? Credo che non capirebbero nemmeno la parola, gliela potrei urlare all'orecchio, potrei compitarla nel telefono, ripeterla una, due, tre volte, e continuerebbero a non afferrarne il senso. Perché vogliono parlarmi di cose su cui, in ogni caso, non ho nessun potere? Lo dice anche Epitteto: «Qualora alcuno o con parole o con fatti ti offende, sovvengati che egli opera ovvero parla in quel cotal modo, stimando che di cosí fare ovvero parlare gli appartenga e stia bene. Ora è di necessità che egli si governi, non conforme a quello che pare a te, ma secondo che pare a lui. Sicché se a lui pare il falso, esso si ha il danno e non altri, cioè a dire, il danno è di colui che s'inganna».

Quel che è successo è successo, e semmai era in potere loro far sí che le cose andassero diversamente; ma da brava stoica so, ormai, che se quel che è successo è successo una qualche ragione ci sarà, e non è cosa di cui possa né debba occuparmi io. Se il mondo deflagrasse, per poi ricominciare daccapo, quel momento – quello in cui ho capito tutto con un'evidenza che ha saputo superare la fitta cortina di dubbi dei miei giorni scettici – non lo vorrei rivivere affatto. Ma naturalmente è inutile che mi disperda in vacue fantasie querule – tanto, neppure questo dipende da me, c'è poco da girarci intorno. Quel che doveva succedere è successo, mi ripeto con stoico fatalismo: era destino che le cose andassero cosí. Ma doveva essere destino anche che io finissi triste e delusa, e non rispondessi piú al telefono, se a chiamarmi sono quei due – dove sta scritto che li debba perdonare solo perché credo che il loro comportamento sia stato determinato dalle precise leggi del fato? Si racconta che Zenone, una volta, abbia battuto un servo furbacchione che, dopo un furto, si giustificava cercando di trarre vantaggio dalla dottrina del maestro: «Era destino che rubassi», declamava. Al che Zenone, che doveva avere la battuta sempre pronta, senza battere ciglio gli seppe replicare: «Era destino anche che tu fossi percosso!»

L'etica stoica prevede che ci si attenga a un certo copione, a un ben preciso codice di comportamento che ci si sceglie come una maschera da mostrare alle persone, una sorta di abito sociale[8]. Benissimo: il mio, in questo caso, sarà quello della tradita dignitosa, che *stoicamente* sopporta senza scendere a patti con chi le ha fatto del male. Per questo ho tutto il diritto di non rispondere a telefonate riparatorie: è cosí che si comporterebbe una tradita dignitosa, o sbaglio?

Ma la tentazione di crogiolarmi nella tristezza che mi assale… questo è un altro paio di maniche. Ed è chiaro che non è affatto un comportamento stoico: posso pure fare la sostenuta, ma poi non è il caso che passi ore a

[8] Sempre Epitteto (e sempre nella traduzione di Leopardi): «Stabilisci a te stesso, come a dire, un carattere e una figura la quale tu abbi a mantenere da quindi innanzi sí praticando teco stesso e sí comunicando colle persone. Tacciasi il piú del tempo, o dicasi quel tanto che la necessità richiede, con brevità. Solo qualche rara volta, confortandovici il tempo e il luogo, discendasi a favellare distesamente; ma non di cotali materie trite e ordinarie, non di gladiatori o di corse di cavalli, non di atleti, non di cibi né di bevande, né di sí fatti altri particolari di che si ode a favellar tutto il dí, e sopra ogni cosa, non di persona alcuna lodando o vituperando o facendo comparazioni».

incupirmi e rimuginare. Epitteto, anche qui, mi mette in guardia: non devo essere tanto ingenua da credere di avere il potere di influire su eventi che non dipendono da me; ma neppure devo rassegnarmi al pessimismo piú oscuro, al pensiero di non poter stare meglio.

Allora, in mancanza di soluzioni piú allettanti, mi forzo a non pensarci, ripetendomi ancora le parole di Epitteto che anche nella dolce traduzione di Leopardi suonano piuttosto coercitive: «Le cose sono di due maniere; alcune in potere nostro, altre no. Sono in potere nostro l'opinione, il movimento dell'animo [...] in breve tutte quelle cose che sono nostri propri atti. Non sono in poter nostro il corpo, gli averi, la riputazione, i magistrati, e in breve quelle cose che non sono nostri atti. Le cose poste in nostro potere sono di natura libere, non possono essere impedite né attraversate. Quelle altre sono deboli, schiave, sottoposte a ricevere impedimento, e per ultimo sono cose altrui. [...] Astienti dunque dall'avversione rispetto a qual si sia cosa di quelle che sono in nostro potere, e in quella vece fa' di usarla rispetto alle cose che, nel numero di quelle che sono in tua facoltà, si troveranno essere contro natura. Dall'appetizione tu ti asterrai per ora in tutto. Perciocché se tu appetirai qualcuna di quelle cose che non dipendono da noi, tu non potrai fare di non essere sfortunato; e delle cose che sono in potestà dell'uomo, non ti si appartiene per ancora alcuna di quelle che sarebbero degne da desiderare».

Il fatto è che il corpo sarà anche da considerarsi fra quelle cose che «non sono in poter nostro», ma dopo qualche giorno di forsennata attività stoica in cucina mi rendo conto, con orrore, che sto ingrassando. Mi è chiaro all'improvviso quanto possa essere complicato coltivare un rapporto che sia francamente, profondamente stoico, con il proprio corpo, considerarlo come qualcosa le cui trasformazioni vanno solo accettate, con il massimo fatalismo. Ingrassi, dimagrisci, ti abbronzi, impallidisci, ti ammali, invecchi – niente, sono tutti eventi che non puoi in nessun modo influenzare. A essere estremi, forse non sarebbe nemmeno il caso di truccarsi, di vestirsi secondo un certo gusto – ma no, sto esagerando. In fondo, sono mezzi che abbiamo a disposizione per migliorarci un po' rimanendo entro i confini del cortiletto delle cose indifferenti, degli *adiafora* (ἀδιάφορα). Prendersi cura del proprio aspetto – valorizzarsi, come dicono alcuni – non è certo un'attività rivoluzionaria. E d'altra parte, la natura del nostro corpo la possiamo cambiare solo fino a un certo punto. Chi ha ereditato una tendenza alla pinguedine, chi una predisposizione alla calvizie, chi qualche malattia genetica. È cosí, e piú di tanto, a voler essere stoici almeno, non ha senso opporsi. Io per esempio sento incombere il rischio della pinguedine, ora che, dopo settimane quasi di inedia, ho iniziato a cucinare e a mangiare come un'ossessa: ma in questo mio espandermi non c'è nulla della fatale impellenza con cui si manifesta un carattere congenito. Piuttosto, è la conseguenza di una serie di decisioni che ho preso scientemente, e del fatto che, dopo averle prese, sono inciampata nella mia scarsa lungimiranza. Non ho pensato che se avessi cucinato tanto poi mi sarei ritrovata con una tonnellata di manicaretti da consumare, e sono partita male: non ho applicato la moderazione alla mia dieta, come invece, da brava stoica, avrei dovuto fare. Ho un freezer, perché non mi è venuto in mente di congelare qualcosa? È vero che persino Zenone veniva qualche volta bistrattato per la sua propensione ad alzare il gomito ai simposi, ma lui almeno non era ingordo di cibo. E inoltre aveva una risposta pronta per tutto, pure per questi rimproveri: a chi gli faceva notare che esagerava col vino, rispondeva che «anche i lupini sono amari, ma bagnati diventano dolci». A me, invece, questa smodata attività di mandibole non mi addolcisce affatto, mi rende solo piú morbida e depressa. Cerco di mangiare per evitare gli sprechi, ma mi sento sempre piú triste.

Inizio a esaminare il mio corpo, palmo a palmo, a domandarmi se sono ingrassata come mi sembra o se è solo che venivo da un periodo di vero digiuno e trascuratezza, e mi sto riprendendo un poco. Mi guardo allo specchio senza pietà, concentrandomi sul fatto che non mi posso cambiare, e che quindi, i difetti che ho, tanto vale che me li tenga. È molto strano, specchiarsi in assoluta solitudine, in perfetta rassegnazione.

Mi sono specchiata sempre *per* qualcun altro – addirittura *in* qualcuno, spiando sintomi minimi di desideri o repulsioni – fin da quando ero quasi una bambina e sorvegliavo la mia crescita, patendo delle disarmonie e pensando che non sarei piaciuta mai ad anima viva, perché non è possibile avere un seno piú grande dell'altro, un'asimmetria nella curva dell'anca, i capelli troppo crespi, troppo scuri. Mi sono sempre specchiata per qualcuno sperando di poter limare i difetti, a poco a poco, con l'aiuto del tempo (questo, solo quando si è molto giovani lo si può credere sul serio: eppure è un pensiero che ancora non mi lascia), con piccoli trucchi, con l'astuzia di nascondere e svelare. Speravo di poter limare difetti che ero *io* a considerare difetti, proiettandomi addosso, come una lampada impietosa e gelida, quelli che ipotizzavo fossero gli sguardi degli altri, di chi volevo, pregavo, desideravo mi trovasse bella. Avessi letto prima Epitteto, quanto tempo e quanta fatica avrei risparmiato.

Guardo il mio corpo come se non fosse mio nel senso in cui sempre l'ho considerato; come se non dovesse affatto *servirmi* a ottenere cose (amore, attenzione, ammirazione); come se, per una volta, non fossero mancanze mie, miei fallimenti, tutti quei difetti che ha, che ha sempre avuto, che avrà sempre rispetto a un corpo ideale che mio, di sicuro, non è, e che forse nemmeno esiste in tre dimensioni, fuori dalle fotografie.

E capisco che solo ora sto vedendo qualcosa che avrei dovuto vedere molto tempo fa. Cioè che in effetti è tutto vero: è vero che quelli che considero i difetti del mio corpo non sono il segno di qualche mia colpa, non sono i marchi tangibili di chissà quale trascuratezza, né la prova del fatto che non mi merito amore. Semplicemente, non dipendono da me; e nondimeno, questo corpo *sono* io, sono io in quella parte che non posso cambiare piú di un poco, perché se ho la tendenza a sviluppare un sederone nei periodi in cui mangio di piú, è cosí che sono fatta, e non importa che io me ne disperi – non ho nessun diritto di disperarmi.

E per la prima volta capisco che ho usato sempre, da quando ero poco piú che bambina, questo mio corpo con la tirannica pretesa che fossero i suoi difetti a stornarmi l'amore, perché di quei difetti credevo che la colpa fosse mia. Colpa mia, che indulgevo a mangiar troppo e mi ritrovavo il sederone che adesso vedo nello specchio; e per la prima volta da quando lo conosco, mi sembra cosí allegro, cosí tondo, che mi metto a ridere da sola.

Dopo tre giorni passati a cucinare come un'ossessa, nella cucina ricolma di vassoi e pirofile da lavare, mentre il frigo straborda di Tupperware, si affaccia l'idea spaventosa della mia solitudine. Il vero problema è che queste prelibatezze non le posso condividere con nessuno. Ma è proprio cosí? Devo davvero prendere questa solitudine come una condanna? Buttare via tutti questi manicaretti sarebbe un peccato, uno spreco; però non è neppure il caso di ingozzarmi. Leggo e rileggo un brano di Epitteto: «Tieni a mente che tu ti déi governare in tutta la vita come a un banchetto. Portasi attorno una vivanda. Ti si ferma ella innanzi? stendi la mano, e pigliane costumatamente. Passa oltre? non la ritenere. Ancora non viene? non ti scagliar però in là collo appetito: aspetta che ella venga. Il simile in ciò che appartiene ai figliuoli, alla moglie, alla roba, alle dignità; e tu sarai degno di sedere una volta a mensa cogli Dèi. Che se tu non toccherai pur quello che ti sarà posto innanzi, e non ne farai conto; allora tu sarai degno non solo di sedere cogli Dèi a mensa, ma eziandio di regnare con esso loro». Ora, non è che io pretenda di sedere con gli dèi, ma con i miei amici forse sí. Mi ero messa in testa di essere troppo triste per costringere qualcuno alla mia compagnia; ma chi l'ha detto che devo comportarmi come se fossi contagiosa solo perché ho vissuto l'esperienza – piuttosto traumatica, per la verità – di essere abbandonata per una cara amica e dover cambiare casa in fretta e furia? A questo pensiero, d'improvviso la mia tristezza non è piú una mostruosa deformità da nascondere.

È come un miracolo: comincio a sentirmi, benché ancora triste, meno irrimediabilmente depressa, e non perché speri in chissà quale salvataggio miracoloso che i miei amici dovrebbero mettere in atto ripescandomi dagli abissi di questa indecifrata sofferenza. No: è solo che sto guardando le cose da una prospettiva un po' eccentrica, e capisco che era l'idea del mio dolore, l'idea di essere stata umiliata, derisa, raggirata, a pesarmi sul cuore; mi vergognavo di soffrire, ma ora è questa vergogna a sembrarmi inconsistente, stolida, un'ingenuità da ragazzina. Imbandisco la tavola, invito sette amici che non vedo da tempo.

A cena ridiamo tanto, ci divertiamo. Penso alla mia tristezza da tutt'un altro angolo. Lo dice anche Epitteto: «Gli uomini sono agitati e turbati, non dalle cose, ma dalle opinioni ch'eglino hanno delle cose. Per modo di esempio, la morte non è punto amara; altrimenti ella sarebbe riuscita tale anche a Socrate; ma la opinione che si ha della morte, quello è l'amaro. Per tanto, quando noi siamo attraversati o turbati o afflitti, non dobbiamo però accagionare gli altri, ma sí veramente noi medesimi, cioè le nostre opinioni». Era l'*idea* che avevo della mia stessa tristezza, ad affliggermi tanto. Ma ora non ho piú paura di essere triste. Dopo la festa con gli amici, nell'istante prima di addormentarmi penso all'oca di Gozzano:

> Penso e ripenso: – che mai pensa l'oca
> gracidante alla riva del canale?
> Pare felice! Al vespero invernale
> protende il collo, giubilando roca.
>
> Salta starnazza si rituffa gioca:
> né certo sogna d'essere mortale
> né certo sogna il prossimo Natale
> né l'armi corruscanti della cuoca.

O papera, mia candida sorella,
tu insegni che la Morte non esiste:
solo si muore da che s'é pensato.

Ma tu non pensi. La tua sorte è bella!
Ché l'essere cucinato non è triste,
triste è il pensare d'esser cucinato.

E per una volta mi sento leggera proprio come quell'oca. Che ci posso fare se le leggi della natura, della vita, sembrano qualche volta tanto crudeli? Funzionano cosí, e non ha senso che mi addolori, mi dico un attimo prima di addormentarmi.

Quinta settimana

Una settimana epicurea

«Di tutti i beni che la saggezza ci porge, il piú prezioso è l'amicizia». Questa è la prima massima di Epicuro che imparo a memoria inaugurando la mia nuova settimana.

Sto per iscrivermi alla scuola epicurea e, *ça va sans dire*, dopo le scomodità pratiche dello scetticismo, dopo la severità verso me stessa cui mi ha spinta lo stoicismo, ho grandi aspettative mollaccione. Se c'è una cosa che finora ho imparato da queste mie settimane filosofiche, è che non finiscono mai come mi aspetterei: il fatto di dover seguire delle regole mi piega e mi ripiega a piacimento, e io mi ritrovo ogni volta in una forma affatto diversa da quella che avevo all'inizio – dev'essere cosí che si sente un pezzetto di carta che un origami trasformi in cigno o in delfino.

Eppure, devo confessarlo, di prospettive dissolute ne ho eccome, ed è con gusto quasi lubrico che mi accingo allo studio della nuova scuola: nella mia ingenuità, sono convinta che iscrivermi fra gli epicurei mi porterà a togliermi qualche sfizio. Forse tutto questo fermento nasce dal fatto che Epicuro è uno di quei filosofi le cui idee sono state talmente libere, talmente diverse da quelle di tutti i loro contemporanei – e quindi tanto folli, ad occhi meno inattuali – da procurargli la fama di depravato, vizioso, scostumato o quel che volete. C'è da dire che, come scopro ora, fu in gran parte colpa degli stoici se agli epicurei, e a Epicuro in particolare, venne appioppata questa dubbia reputazione.

A quanto pare, un tale Diotimo (uno stoico) a un certo punto arrivò a scrivere cinquanta epistole oscene solo per togliersi lo sfizio di firmarle con il nome di Epicuro e fargli fare la figura del depravato. Del resto, del povero Epicuro se ne dicevano di tutti i colori, ed erano calunnie vere e proprie: si vociferava che tenesse un diario in cui annotava, a decine, i nomi di uomini e donne con cui faceva l'amore, che vomitasse due volte al giorno per potersi poi rimettere a mangiare a crepapelle, che si ubriacasse di continuo e facesse prostituire il fratello minore, uno dei tre fratelli insieme ai quali aveva messo in piedi la sua scuola, con la collaborazione di un altro socio, Mys, che era uno schiavo (e a molti non andò giú[9] che gli epicurei trattassero gli schiavi da pari: il che fu motivo di ulteriore disapprovazione e diffidenza). La scuola fondata da Epicuro prese il nome di Giardino, poiché comprendeva un fazzoletto di terra coltivata. Persino il nome suggerisce mollezze, palmizi, fiori e profumi inebrianti; scopro però che, piú che di un vero giardino, si trattava di un piccolo orto. Sarà stato comunque molto piú vasto e ombroso del boschetto di erbe aromatiche che, in seguito a questa scoperta, sorge sul mio davanzale, realizzando in scala ridotta il principio che dovette ispirare gli epicurei nelle loro attività agricole: l'idea di coltivarsi da sé frutta e verdura, per avere la sicurezza di non rimanerne privi.

So che è una sciocchezza, ma devo confessare che mi delude un poco, la notizia che il giardino fosse solo

[9] Anche Epitteto, è vero, era uno schiavo, però quando si diede attivamente alla filosofia era già liberto.

un orticello. Mi aspettavo lussi sibaritici, e invece... La scoperta della frugalità di Epicuro mi lascia perplessa. Il fatto è che bisogna proprio ipotizzare, allora, che si sia fatto notare per comportamenti davvero controcorrente – o per lo meno abbastanza anticonformisti da essere percepiti da qualcuno come minacciosi – per suscitare un tale accanimento, per meritarsi da parte dei suoi nemici tanta cura nel costruirgli una «cattiva» fama, una brutta reputazione cosí affascinante da diventare leggendaria (persino il correttore automatico me lo conferma: mi trasforma direttamente «Epicuro» in «epicureo», perché per il suo cervello elettronico non esiste il nome proprio, ma solo un aggettivo che per antonomasia suggerisce sfrenato gusto per la vita, e tendenza naturale al godimento allegro e spensierato).

E invece scopro, rimettendomi a studiare e incastrando gli uni con gli altri i ricordi vaghi che avevo, che la dottrina del piacere elaborata da Epicuro è tutta privativa. La «vita beata» dell'epicureo perfetto, una vita vissuta con la semplicità del Giardino, insieme agli amici, tenendosi il piú possibile lontani dagli affanni della politica e dell'ambizione, si basa sui piaceri detti *catastematici* (in greco καταστηματικός significa «stabile, statico» e persino «sedato»). Sarebbero questi soli i piaceri solidi, veri: l'*atarassia* (*mancanza* di turbamento) e l'*aponia* (ἀπονία: «*assenza* di dolore»). Per raggiungerle c'è solo un modo: limitare i propri desideri, che sono potenziali cause di dolori. Il saggio epicureo non spreca tempo ed energie a dissiparsi nella speranza di un'impossibile felicità futura, ma sa pensare al passato, e ricordare i piaceri che ha potuto assaporare: e in questa evocazione confortante trova riparo dai dolori del presente, se ne ha.

Quella epicurea è un'etica della serenità: il vero sapere, per Epicuro, libera dalla paura e dal dolore. Cosí, per esempio, ci affranca dalla paura della morte proprio l'atomismo che è la base della sua fisica. La vita non è che unione di corpuscoli atomici, e la morte, semplicemente, la loro disgregazione. Si muore, per Epicuro, quando tutti gli atomi di un corpo, compresi quelli piú sottili, rotondi e incandescenti che costituiscono l'anima, si separano. Perciò chi muore non sente nulla: non dobbiamo temere la morte come un gran dolore, perché quando arriverà noi non saremo piú, e dunque non proveremo un bel niente. La morte «non è nulla per l'uomo», dice Epicuro: è *anestesia* (un'altra parola greca che parla chiaro: ἀναισθησία, cioè «insensibilità», composta di ἀν- privativo e αἴσθησις «sensazione») – assenza totale di sensazioni.

Quanto alla paura degli dèi, che imprigionava i suoi contemporanei in un mucchio di superstizioni, secondo lui non ha ragion d'essere: gli dèi esistono, in ogni caso, ma vivono una loro vita beata negli intermondi, cioè negli interstizi fra i molti mondi esistenti. E – come biasimarli? – di quello che succede sulla Terra, fra gli uomini imperfetti, loro che sono perfetti e sereni non si danno il minimo pensiero: tanto piú che l'universo non è indirizzato a nessun fine, ma vive una sua vita casuale e accidentata la cui unica regola sono i moti necessari della materia che si addensano nel *clinamen* (parola latina con cui Lucrezio, il piú grande poeta epicureo, traduce il greco κλίσις [*klisis*], che vuol dire «inclinazione»), cioè nella possibilità, di cui godono gli atomi, di deviare la direzione del loro perenne precipitare dando vita a nuove combinazioni. Senza *clinamen* non sarebbe possibile lo scontro tra atomi, perché per Epicuro le particelle hanno tutte lo stesso peso e cadono dall'alto verso il basso alla medesima velocità: se non potessero introdurre qualche deviazione nel loro percorso, non si incontrerebbero mai.

Anche del timore di non poter raggiungere il piacere Epicuro sa liberare i suoi seguaci, mostrando quanto sia semplice e accessibile il piacere *naturale*, che secondo lui è il solo antidoto ai tormenti tantalici del desiderio. Quanto al dolore, nemmeno quello dobbiamo temere: se è intenso, è sempre passeggero, e se invece è cronico, sappiamo con certezza che sarà lieve. Non c'è dolore che non possiamo sopportare, perché la nostra sensazione di soffrire si equilibrerà da sé, secondo questo rassicurante rapporto fra intensità e durata.

La liberazione dai quattro timori fondamentali (degli dèi, della morte, dell'impossibilità del piacere, del dolore) che tengono in scacco la vita degli uomini, rendendoli infelici, è il capolavoro dell'epicureismo: ogni volta che ci ripenso, mi stupisco di quanto sia semplice e geniale la medicina logica (il *tetrafarmaco*, τετραφάρμακον) escogitata da Epicuro per guarirci tutti quanti dalla paura.

Piú notizie leggo sulla vita di Epicuro, piú mi convinco che dev'essere stato uno di quei rari uomini che riescono nell'impresa di vivere in un modo scandalosamente libero – non so se mi spiego. Ho sempre sognato di far parte pure io di questa piccola, eletta schiera, anche senza l'aspirazione megalomane di eguagliare Epicuro. Mi piace pensare a me stessa come a una persona indipendente e baldanzosa, disinvolta e sfrontata, libera fino a indispettire, con la sua felice noncuranza, i benpensanti. Com'è ovvio, a questa persona non somiglio neanche un po'.

Quella che sono non è neppure l'ombra della me

stessa straordinaria che vagheggio, ma proprio la sua negazione, la nemesi: piú me ne rendo conto, piú cresce la mia ammirazione per personaggi come l'Epicuro crapulone in cui ancora credo, agli inizi della settimana. Ed è ovvio che in un periodo come questo – la fine di un amore sommata a un trasloco – io non riesca a non pensare a me stessa senza una serie di prefissi privativi a precedere ogni minima qualità che possa predicarsi della mia persona. E se scrivo involuto, è perché quando sto male il mio stile si involve, si chiude. È un nascondersi senza provare a vivere nemmeno per sbaglio – non è il *lathe biosas* (λάθε βιώσας), l'arte epicurea di «vivere in disparte». E se ho tenuto duro, ultimamente, è solo per merito dello scetticismo che mi ha permesso di prendere le distanze da quel che stavo passando; e dello stoicismo, poi, che mi ha costretta a indurirmi come un guscio di noce, a resistere agli urti del mondo per il tempo che mi sono imposta.

Ma ora mi sento di nuovo inerme di fronte alla sofferenza di quei periodi che forse attraversiamo tutti, quelli dei cambiamenti, quando finiamo in pezzi come vasi colpiti da un martello. E si ha un bel citare, allora, bizzarre formule di saggio esotismo orientale, ripetere che in non so quale lingua, il cinese forse, crisi e opportunità sono lo stesso ideogramma, e che altri orientali (i giapponesi?) quando un oggetto delicato, di finissima ceramica o porcellana dipinta, finisce in mille pezzi, lo riparano con oro fuso, cosí le crepe diventano giunture brillanti, fiumi dorati che percorrono una mappa rimasta invisibile a ogni occhio finché il vaso era intero, sano, tutto d'un pezzo, senza storia e senza geografia.

Di fatto, ora a sostenermi non ho piú nemmeno il mio stoicismo: una volta tanto voglio portare a compimento un progetto come l'avevo pensato all'inizio, e non ha senso che arresti qui la sperimentazione. Cosí sono a pezzi, senza la colla d'oro delle parole di Epitteto a tenermi insieme, senza che il pensiero di questi famosi cocci giapponesi mi possa dare nessun vero conforto, perché anche se sono molto belli non bastano a dirmi cosa devo fare, nella pratica, nella mia vita di ogni giorno. Non bastano a farmi alzare dal letto la mattina.

Ma la coltre dello sconforto, a poco a poco, è perforata dalle frasi di Epicuro; frasi come questa: «Ogni mattina l'amicizia fa il giro della terra per ridestare gli uomini, affinché si possano felicitare a vicenda». E forse era di Epicuro, che avevo bisogno in questo preciso momento; di lui che, per evitare che gli si attribuisse questa o quell'eredità filosofica, ostentava preventivamente disprezzo per quasi tutti i filosofi[10]. Con qualcuno era quasi brutale: per esempio con il povero Nausifane (di cui secondo Apollodoro era stato persino alunno), che si diverte a soprannominare *Mollusco* dandogli dell'ubriacone senza troppi giri di parole.

Di certo non gli piacevano i suoi colleghi: non perdeva occasione per sostenere che si occupavano di questioni inutili. O forse è quello che voleva far credere a tutti quanti, solo per lasciar risaltare l'originalità del suo pensiero? Può darsi: sta di fatto che se anche si fosse trattato di vanità, era giustificata. Quanto alla questione dell'ostilità ai suoi maestri e predecessori, sarà pur stato un piccolo crimine d'orgoglio, ma è chiaro che ne pagò

[10] Secondo la testimonianza di Diocle, tra i filosofi arcaici preferiva Anassagora, anche se su qualche punto lo confutava, e Archelao, il maestro di Socrate. Fu in parte debitore delle dottrine di Democrito, ma senza eccessi di entusiasmo: amava sostenere che Leucippo, che di Democrito fu il maestro, non fosse stato affatto un filosofo. Diocle racconta anche che i suoi scritti, invece, Epicuro li faceva studiare a memoria ai discepoli.

il fio con l'esagerata fama di empietà che si guadagnò per via del suo pensiero e della sua vita sfacciatamente liberi; non è il caso, quindi, di covare antipatia per Epicuro solo sulla base di questo ostentato snobismo.

«È vano il discorso di quel filosofo che non curi qualche male dell'animo umano», ha scritto; e io, in procinto di cominciare la mia settimana all'insegna della sua dottrina, faccio presto a scoprire quanto è vero. Dice Diogene Laerzio – che di Epicuro parla con molta simpatia – che gli amici suoi si contavano a città intere: anche se aveva la discutibile abitudine di criticare gli altri filosofi, doveva essere un uomo adorabile. Uno capace di scrivere trecento libri e di coltivare, comunque, una ricchissima vita sociale. Io i miei amici non li conto certo a città, ma di città ne ho tante, e tante case, tante vite alle spalle – tante quanti i miei traslochi, i lavori che ho fatto, gli sbagli e i raggiri in cui mi sono infilata, i ripensamenti e le inquietudini, le esitazioni e i perdoni che non mi sono saputa concedere e ho lasciato scivolare nell'oblio.

Ho già troppe vite alle spalle, e amici che non sento mai. Ci scriviamo qualche volta, ci mandiamo dei cuori, non parliamo piú. Non so cosa fanno, come se la cavano nel mondo, come mettono a tacere le paure, quando soccombono e quando invece vincono loro, contro questa smania che ci assorbe tutti, di vivere e di dissiparci, di perderci e di guadagnarci qualcosa. Non so come si illudono e neppure come si risvegliano. Per cui potete ben immaginarvi quanto sia stata sorpresa di ritrovare, in un libro che forse non ho aperto mai, una cartolina mai spedita a un'amica che non vedo da anni. È dentro un volumetto comprato a Parigi in un pomeriggio pigro, che ricordo con inspiegabile precisione, su una di quelle bancarelle i cui prezzi di rado superano i cinque, dieci euro. Evidentemente lo presi solo per darmi un tono, perché poi non l'ho mai letto; ma, da superficiale quale sono, mi piacevano il titolo e la copertina. Andavo ancora al liceo, avevo le idee confuse sul presente e sul futuro ed ero entusiasta di stare a Parigi per due settimane a studiare il francese. È una vecchia edizione delle Presses Universitaires de France, e il tempo ne aveva ingiallito già da un pezzo, da molto prima che lo comprassi, le pagine e la costa: forse per questo lo scelsi. O perché mi sembrava trasgressivo il nome di Epicuro nel titolo, fra un sole che guarda in basso e la quadriga simbolo delle puf. Il libro è del '46, ha tutto il diritto di essere ingiallito. *Épicure et ses dieux*, di A.-J. Festugière. Mai aperto, dicevo; mai che io ricordi, almeno.

Lo apro ora e mi cade in grembo una cartolina. Da un lato la fotografia di un cactus, lo sfondo di montagne brune di lava: ricordo di averla comprata in un piccolo negozio di souvenir vicino a Timanfaya, sull'isola vulcanica di Lanzarote, molti anni dopo quel viaggio a Parigi. Chissà come ci è finita, qui dentro. Probabilmente è stata la mia solita sciatteria, la mania di non buttare via niente, l'abitudine imbarazzante di nascondere la polvere sotto il tappeto, o di cacciare, per «fare ordine», le cartacce che ritrovo svuotando una borsa o una valigia dentro i primi libri che mi capitano sottomano.

Sul retro c'è il messaggio, scritto con i miei soliti toni esagerati, gli slanci di tutte le volte che scrivo a mano a qualche amico, come se nella pressione della penna sulla carta si sprigionasse un'urgenza assoluta, estrema, di dire, di dichiarare, di abbellire. Questo messaggio affettuosissimo, ad esempio, per chi l'ho scritto? Perché l'ho scritto proprio io, su quel pezzo di carta, all'aeroporto

– lo ricordo come se fosse ieri. Mi sembra di vedermi, seduta nella sala d'attesa ad aspettare che chiamassero il mio volo, con lo zaino sulle ginocchia e quella malinconia acerba delle vacanze che finiscono, che stinge sugli scampoli di tempo che, in teoria almeno, ci si potrebbe ancora godere. Come un'attesa solitaria in un piccolo aeroporto tranquillo, un viaggio a guardare dal finestrino profili di isole che si lasciano ingoiare dall'oceano; e poi il buio, visto dall'alto. Ma ero troppo malinconica per permettermi di rimanere nel presente, per calarmi in quell'attimo che poteva essere solo mio, come i segreti piú riconfortanti, come l'istante prima di addormentarsi dopo una giornata lunga e felice. Cosí, invece di assaporare le ultime ore della vacanza, per paura che finisse davvero trasformai la sua fine in una condanna. Mi costrinsi a frugare nel mio zaino in cerca delle cartoline che avevo comprato giorni prima, al negozio di souvenir, giusto per prendere qualcosa e non avere l'imbarazzo di dover uscire a mani vuote passando davanti alla signora della cassa. Chissà con che criterio scelsi a chi indirizzarle, le cartoline che fra me e me avevo pensato di tenere come ricordo – prima che, nella solitudine dell'aeroporto, quel piccolo gesto di egoismo innocente mi apparisse impraticabile, quasi immorale. Avevo paura di soffrire la malinconia per la settimana che finiva, cosí mi impedii di godermela e scrissi un messaggio esageratamente affettuoso a un'amica a cui volevo bene, ma che non vedevo mai. Solo ora, pensandoci con le frasi di Epicuro sotto gli occhi, vedo quanto era stato contraddittorio il mio comportamento: e quanto continua a esserlo.

Chiamarono il volo e io, che avevo avuto il tempo di scrivere quell'unica cartolina, la cacciai nello zaino, in una tasca separata da quella in cui erano le altre; ci tenevo a distinguerla, era pronta per essere spedita. E, una volta atterrata, quando disfeci i bagagli, la tirai fuori e l'appoggiai da qualche parte, per ricordarmi di affrancarla e spedirla, uscendo.

Non me ne ricordai mai; non mi importava piú, nonostante le proteste di affetto di cui avevo inzeppato la dedica. Un giorno, facendo ordine, la vidi, in bilico sull'orlo della libreria, e perché non rimanesse in giro a ingombrare la infilai nel primo libro a portata di mano, che doveva essere *Épicure et ses dieux*, di A.-J. Festugière. Forse quella, fino a oggi, fu l'unica volta che l'aprii.

Mi è evidente, adesso, che l'avevo scritta solo per me, quella cartolina. Non mi ero neppure preoccupata di affrancarla. E da quando quella vacanza è finita, l'amica a cui volevo mandarla l'ho piú vista? Forse no; quando è venuta nella mia città avevo da fare, o ero via, non ricordo. Ci siamo mandate dei messaggi e dei cuori, appunto, e non so niente di lei, anche se la penso come un'amica, anche se le voglio bene. Non è il caso di colpevolizzarmi per questa storia, non posso trarre da un episodio isolato qualche legge generale che descriva, come le leggi della fisica i movimenti degli astri, i miei rapporti con le persone a cui penso di voler bene. Ma forse sto imparando la mia prima lezione da epicurea. A costo di dare troppo peso alla faccenda, ripensando al giorno in cui scrissi la cartolina mi si chiariscono due cose. La prima è che fu per paura del dolore, che è l'altra faccia di ogni piacere – per paura della malinconia che avrebbe tinto quel momento, come un tramonto quasi tropicale tingeva frattanto il cielo fuori dalla sala d'aspetto –, che mi negai di essere davvero presente a quell'istante, a quell'addio dolce e sommesso. La seconda, è che avevo usato la scusa di comportarmi da buona amica – un gesto di affetto non richiesto, goffo e compensatorio – per impedirmi di immergermi nell'attimo presente: ma poi anche questo slancio si sarebbe rivelato per quello che era, e alla mia amica, di quell'affetto su cui mi ero costretta a concentrarmi, non arrivò neppure un refolo. Lei, con ogni probabilità, nemmeno avrà sospettato che io la pensassi. Non le avevo confidato nulla, non le ero stata vicina; avevo solo sprecato un momento.

Si dice che Epicuro abbia atteso la morte, a settantuno anni, in una tinozza di bronzo piena di acqua calda, bevendo vino e chiacchierando con gli amici: e se anche fosse solo una leggenda, il fatto che abbia saputo ispirare un tale racconto è di per sé commovente. Il giorno in cui morí, il vecchio filosofo scrisse anche una lettera: «In questo giorno beato, che è insieme l'ultimo della mia vita, vi scrivo queste righe. I dolori derivanti dalla stranguria e dalla dissenteria non mi hanno lasciato mai né hanno mai sminuito la loro intensa violenza. Ma a tutti questi mali resiste la mia anima, lieta nella memoria dei nostri colloqui del passato. Occupati dei figli di Metrodoro, in modo degno della generosa disposizione spirituale che sin da giovinetto mostrasti verso me e la filosofia».

Stava morendo, quel giorno. Non tornava a casa da una vacanza, moriva; e scrisse davvero una lettera, per dire davvero al suo amico Idomeneo di occuparsi dei figli di un altro amico, che era morto e a sua volta li aveva affidati a lui. E, in tutto questo, riuscí persino a godersi il momento del congedo dalla sua vita sulla terra, bevendo vino e chiacchierando – o, quantomeno, riuscí a lasciare dietro di sé una leggenda come questa che, vera o inventata che sia, ha una forza tanto radicale da rimbalzare dalla semplice aneddotica fino al piano dell'*exemplum*. Morendo di calcoli renali nel III secolo a.C., con la dissenteria e questa «stranguria» che non so cosa sia – e nemmeno credo di volerlo scoprire –, Epicuro è riuscito a scrivere parole cosí piene di tenerezza per la vita, cosí dolci anche verso il dolore. Cosí generose. Ecco quello che mi manca, ecco cosa imparo fin dai primi giorni da epicurea: non sono stata finora abbastanza generosa. Per questo mi sfugge il piacere, per questo non so calarmi nel momento, godermi il presente. Per questo sono tale e quale ai detrattori di Epicuro, mentre mi trastullo con immagini bovaristiche, esagerate, delle possibili delizie di una vita epicurea.

Non c'è generosità nell'immaginare la dissolutezza piú dissennata: non c'è traccia della generosità che salta fuori da questa lettera, la generosità che permette di abbracciare vita e morte. Il piacere non è una via di fuga dalla vita, anche se la vita qualche volta si fa truce e tremenda. Il piacere è il segno che il dolore si allontana, in un equilibrio delicato e inflessibile come quello dei vasi comunicanti: ma ci sono piaceri che possono diventare tormentosi, desideri turbolenti che hanno la spiacevole facoltà di prendere il sopravvento su ogni altro afflato di vita, seminando distruzione nella testa e nel cuore di chi ne diventa dipendente. Questo, Epicuro lo sa bene, e lo spiega con molta chiarezza a Meneceo nella sua lettera sulla felicità; trovo bizzarro, allora, e crudele, che il suo nome sia stato legato proprio a quei piaceri che lui condanna, agli eccessi stordenti da cui si tenne lontano: «Una ferma conoscenza dei desideri fa ricondurre ogni scelta o rifiuto al benessere del corpo e alla perfetta serenità dell'animo, perché questo è il compito della vita felice, a questo noi indirizziamo ogni nostra azione, al fine di allontanarci dalla sofferenza e dall'ansia. Una volta raggiunto questo stato ogni bufera interna cessa, perché il nostro organismo vitale non è piú bisognoso di alcuna cosa, altro non deve cercare per il bene dell'animo e del corpo. Infatti proviamo bisogno del piacere quando soffriamo per la mancanza di esso. Quando invece non soffriamo non ne abbiamo bisogno».

Lui dice «piacere», «desideri»; ma penso che potrebbe parlare pure di serenità e di equilibrio. Decido, anzi, di interpretare cosí le sue parole, e continuo a leggere: «I sapori semplici danno lo stesso piacere dei piú raffinati, l'acqua e un pezzo di pane fanno il piacere piú pieno a chi ne manca. Saper vivere di poco non solo porta salute e ci fa privi d'apprensione verso i bisogni della vita ma anche, quando ad intervalli ci capita di menare un'esistenza ricca, ci fa apprezzare meglio questa condizione e ci rende indifferenti verso gli scherzi della sorte». È una vita un po' da vecchietti saggi, non una scorribanda negli eccessi, quella che descrive Epicuro. Una ricerca di sollievo, non di stordimento. Il fatto è che non siamo abituati a coltivare la moderazione: me ne accorgo, con una certa sorpresa, quando inaspettatamente la mia vita epicurea si trasforma in una lunga rincorsa della frugalità. Un compito che mi do fin da subito, seguendo le istruzioni del maestro, è quello di catalogare i miei desideri, distinguendoli in diverse categorie, tre per la precisione. Ci sono quelli naturali e necessari, come mangiare, bere e dormire quanto basta. Poi quelli naturali ma non necessari – che sconfinano nel superfluo, ma sono tanto dolci ai sensi: mangiare bene, bere bene, dormire bene. Cerco di attenermi alla prima specie, con una moderata apertura alla seconda, ma badando bene a evitare il terzo tipo di piaceri, che non sono né naturali né necessari: i piaceri indotti dall'opinione.

Non dovrei lasciarmi convincere a essere bacchettona con questi poveri desideri, non dovrei demonizzarli: ma l'onere di catalogarli di continuo mi costringe a riflettere tre volte prima di concedermi qualsiasi cosa. La vera sorpresa della settimana epicurea è che proprio quando mi aspettavo di trasformarmi in un'allegra debosciata impenitente finisco per comportarmi come una vecchina mansueta e frugale.

Coltivo le mie piante sul davanzale, mangio sano e mai troppo; non penso piú a quel paio di stivali che ho visto in una vetrina, che mi piacerebbero tanto ma non potrei permettermi. Non li compro, e basta. Non sacrificherò la qualità del mio vitto, che si è fatta delicatissima, per avere l'aspetto che vorrei, lo slancio che mi darebbero quei tacchi argentati. Nessun piacere è un male in sé, ma possono essere un male i mezzi per ottenerlo, recito come un mantra; la frugalità non è vivere a stecchetto, ma limitare le preoccupazioni.

Ho la sensazione di liberarmi di scorie superflue, mentre imparo a vagliare da sola, con le forze critiche del mio giudizio, tutto quello che voglio, anzi che penso di volere, anzi, che mi si chiede di volere. Inizio a provare una certa divertita diffidenza per i cartelloni pubblicitari. Al quinto giorno mi sembrano soltanto dei giganteschi imbrogli, piazzati ovunque per circuire le persone. Sto diventando paranoica? Mi ossessionano i messaggi subliminali, mi pare di camminare dentro le strade di *Essi vivono*.

Voglio decidere io quello che desidero, e anche quello che non desidero. Il problema, però, è che questa attività finisce per assorbire tutto il mio tempo, è una spirale da cui sembra impossibile uscire. Non faccio che pensare alle cose, agli oggetti che mi ingombrano la casa, cerco di fare ordine per sentirmi virtuosa; va a finire che, presa dall'ansia di liberarmi del superfluo in maniera irreversibile, regalo in beneficenza i vestiti che non metto piú, ma anche quelli che mi sembrano rispondere a un gusto non mio. Per un giorno o due, sono leggera.

Ma la sera del terzo giorno dopo la liberazione dell'armadio devo uscire a cena. E per la prima volta capisco cosa voglia dire *davvero* non aver niente (o quasi) da mettersi. Sono stata viziata per tutta la vita: come potevo illudermi di diventare un'asceta di punto in bianco?

Mi sono rimasti solo vestiti pericolosamente uniformi: a furia di voler somigliare a me stessa, mi toccherà mettermi una divisa. Scoppio in lacrime davanti all'armadio spoglio. È evidente che sto sbagliando qualcosa. Forse il problema del desiderio mi è parso cosí pressante, nel mio mondo di consumismo conformista, che ho avuto una reazione troppo radicale. Io, che avevo tanta fretta di dichiararmi epicurea, ho vissuto in questa settimana l'esperienza di un bovarismo estremo, anche se tutto privato: un esibizionismo senza testimoni che mi svela d'improvviso la natura contraddittoria del rapporto che ho con i desideri.

Io li temo, ma è chiaro che non li rispetto, anche se so quanto possano essere forti: invece di patirli, di domarli con questa fermezza innaturale, perché non mi sono fermata ad ascoltarli? Avrei dovuto capirlo, che questa febbre di ascetismo non cosí diversa dalla sfrenatezza a cui si contrappone mi si sarebbe ritorta contro. Non è facile imparare la moderazione: credo che sia persino *impossibile*, almeno finché la guardo con questo sovrappiú di moralismo, questa smania di dare senso a ogni minimo gesto. Mi sono voluta imporre una postura austera, ma tutta esteriore, posticcia. Non è vero che mi esalta il bollire di una minestrina sul fuoco, non è vero che mi basta una mela. Volevo solo lasciarmi assorbire dalle piccole cose: ma il problema è un altro. In piedi davanti a un armadio semivuoto che somiglia solo al mio lato piú severo – ho bandito i colori, perché non mi sembravano *necessari* – mi rendo conto di un bel guaio: a furia di concentrarmi su di me, ostinandomi a imbrigliare ogni guizzo, ho dimenticato l'amicizia.

Non posso pensare soltanto al piacere: né per tentare di renderlo eccessivamente sofisticato ed essenziale (col risultato che poi, come mi è successo, sparisca), né per usarlo come un rifugio. A furia di ripiegarci verso la nostra vita segreta per consolarci e proteggerci dal mondo, ci trasformiamo in piccole chiocciole confinate al loro guscio. Accendiamo candele e lucine, cerchiamo serenità o minimalismo, allarghiamo la bocca a parole nordiche intraducibili come *hygge*, ci concentriamo sulla semplicità di piccoli godimenti idiosincratici e indescrivibili – il primo sorso di birra gelata, ma per carità, solo il primo – perché, alla fin fine, del piacere diffidiamo. Ma è cosí noioso, dopo un po', vivere annidati nelle proprie sensazioni! La me stessa che si costringe con tutte le forze a vivere appieno l'istante in cui il minestrone di verdure inizia a sobbollire, che si rincretinisce come se avesse compiuto chissà quale impresa perché produce da sola tre foglioline di basilico, quella che inizia ad andare in paranoia su ogni desiderio che le sembri suggerito dall'esterno, non è meno infelice, meno simile a Bouvard e Pécuchet di quella che a Parigi si comprava un libro incomprensibile solo per darsi un tono. Vedo che ho sbagliato: non a voler provare la vita epicurea, ma a volerlo fare cosí, senza mezze misure, aspettando una catarsi e pensando di poterla ottenere tutta con le mie forze; allontanandomi dal mondo, isolandomi come se fuori di me ci fosse un alone tossico, contaminato. Questo isolamento non porta alla saggezza, ma al fanatismo; non voglio mica diventare la Svizzera della battuta di Orson Welles – cinquecento anni di amore fraterno per inventare gli orologi a cucú, mentre a pochi chilometri, da scaramucce sanguinose, saltava fuori la Cappella Sistina.

Mi sono fissata sulle cose – sugli oggetti – perché volevo *liberarmi* dalla schiavitú delle cose. È talmente palese l'inadeguatezza del bersaglio che mi sono scelta, che tutt'a un tratto mi è evidente l'errore, e altrettanto evidente il fatto che dall'errore posso imparare: è il momento di tornare indietro.

Per fortuna, come Epicuro generosamente scrisse nella sua lettera sulla felicità, «mai si è troppo giovani o troppo vecchi per la conoscenza della felicità. A qualsiasi età è bello occuparsi del benessere dell'animo nostro. Chi sostiene che non è ancora giunto il momento di dedicarsi alla conoscenza di essa, o che ormai è troppo tardi, è come se andasse dicendo che non è ancora il momento di essere felice, o che ormai è passata l'età. Ecco che da giovani come da vecchi è giusto che noi ci dedichiamo a conoscere la felicità. Per sentirci sempre giovani quando saremo avanti con gli anni in virtú del grato ricordo della felicità avuta in passato, e da giovani, irrobustiti in essa, per prepararci a non temere l'avvenire».

Piú chiaro di cosí sarebbe impossibile. Non sono una chiocciola, non sono e non devo pensare di essere la padrona incontrastata della mia vita; in parte, sí, ma non del tutto. Devo solo evitare di essere estrema, infilare nel mio epicureismo qualcosa di quel che ho imparato dagli stoici – del resto, anche se odiavano a morte gli epicurei, Epicuro era forse piú vicino alla loro dottrina di quanto avrebbero desiderato. Sono caduta nel tranello di credere a un'opposizione radicale fra le due scuole, e sono finita in un delirio – ascetico – di onnipotenza. Perché non sono riuscita da subito a dare il giusto peso a queste parole di Epicuro, che pure mi ero annotata nel mio quadernino, sottolineandole con un doppio tratto di penna? «Ricordiamoci poi che il futuro non è del tutto nostro, ma neanche del tutto non nostro. Solo cosí possiamo non aspettarci che assolutamente s'avveri, né allo stesso modo disperare del contrario».

Capisco che essere una buona epicurea non vuol dire né essere dissoluta né monacale nella severità verso me stessa, ma lasciarmi vivere con sottile fatalismo, senza cadere preda dell'angoscia. Non c'è niente di troppo grave, il tetrafarmaco è con me: non devo temere né dèi né super-io, e la paura sotterranea che si mangia tutto, la paura della morte, è paura di qualcosa che nemmeno proverò, perché non sarò lí, perché non la sentirò come sento la vita. E la vita la sento, improvvisamente, tornando a guardare fuori in un giorno che piove a dirotto.

«Ogni piacere dunque è bene per sua intima natura, ma noi non li scegliamo tutti. Allo stesso modo ogni dolore è male, ma non tutti sono sempre da fuggire»: non c'era nessun bisogno di essere cosí melodrammatica, mi dico. Mi compro una sciarpa rossa, che costa meno degli stivali che vorrei, ma che mi mette molto di buonumore. E non per l'oggetto in sé – non mi chiederò se sia un desiderio indotto! – ma solo per il gusto di essermi fatta un regalo, di farmi felice con poco[11]. A mettermi davvero di buonumore, però, è un'altra cosa. La sciarpa non c'entra: è solo un simbolo, come tutti questi oggetti di cui fino a ieri volevo disperatamente liberarmi.

Sono uscita a comprare un francobollo, una busta e una risma di fogli di carta da lettere. Seduta al tavolino di un bar, senza costringermi a catalogare questo momento di piacere, avvolta dalla dolce monotonia della pioggia, ho scritto una lunga lettera all'amica a cui non ho mai spedito la cartolina, e poi ho infilato anche quella, insieme ai fogli, nella busta. E spero che mi chiamerà, spero di avere presto sue notizie: voglio sapere cosa fa e cosa pensa, l'ho invitata a venire a trovarmi. Voglio camminare con lei per la città, fare amicizia con gli sconosciuti. Di punto in bianco, dopo esserne stata ossessionata per giorni, vedo che al mondo non ci siamo solo io, le cose, e le sensazioni che le cose mi danno: c'è il mondo intero, gli amici, i passanti. Ci sono la pioggia, le pozzanghere, l'umidità, e ora che non sto piú ad auscultare tutto, tutto mi parla. Finalmente ho di nuovo delle sensazioni, ora che guardo fuori, ora che non mi lascio ossessionare da me stessa.

Sento che il dolore per l'amore finito, se è stato acuto, lo è stato brevemente; resta un piccolo dolorino cronico, in sottofondo, ma non è insopportabile. Aveva ragione Epicuro.

[11] «Consideriamo inoltre una gran cosa l'indipendenza dai bisogni non perché sempre ci si debba accontentare del poco, ma per godere anche di questo poco se ci capita di non avere molto, convinti come siamo che l'abbondanza si gode con piú dolcezza se meno da essa dipendiamo. In fondo ciò che veramente serve non è difficile a trovarsi, l'inutile è difficile», dice la lettera sulla felicità.

Questa pioggia mi sembra una rinascita; rinasco nell'acquazzone che mi godo alla finestra, dopo essere risalita a casa. I gomiti sul davanzale, al collo la mia sciarpa rossa, guardo la buriana fuori come dalla riva si guarderebbe una tempesta in mare, sentendosi al riparo dalla furia degli elementi. Ma mi sto dimenticando che non siamo mai del tutto padroni del nostro destino.

Come avrei potuto indovinare, tutta presa com'ero dalle mie piantine e dalla faticosa attività di fare le pulci ai desideri, che la terrazza sopra il mio appartamento aveva da mesi le grondaie otturate? Lo scopro all'improvviso mentre, tutta lirismo e slanci, contemplo l'acqua che turbina giú, fuori dai vetri rigati di pioggia; lo scopro in un boato spaventoso, una cascata di calcinacci, una scintilla. Proprio sopra il mio computer, nell'angolo del soggiorno, il soffitto si è spaccato ed è crollato tutto quanto. Per fortuna me ne stavo alla finestra, a vedere la pioggia, e non seduta alla scrivania a lavorare, come avrei dovuto. Anche se non devo preoccuparmi della morte, che c'è solo quando noi non ci siamo, sono molto felice che Epicuro mi abbia salvata.

Dallo squarcio nel soffitto mi sembra quasi di vedere un angolino di cielo. Sarà meglio che chiami i pompieri.

Sesta settimana

Una settimana cinica

La mia ultima settimana filosofica la inizio disperandomi per il disastro della casa; in compenso, però, finisce con me che giro per il quartiere insieme al mio cane, e ho un amico in piú: Mario, detto Marione, il clochard che vive nel seminterrato. È una delle persone piú simpatiche che abbia incontrato negli ultimi tempi, e ho l'impressione che sia anche per questo che i condomini gli hanno riservato un posto al chiuso, accanto alle cantine, dove però lui va a dormire solo quando il tempo è molto brutto, perché, sostiene, in genere all'aria aperta si sta meglio. Com'è ovvio, sto parlando della settimana cinica: quella in cui, per la prima volta in vita mia, mi avvicino a capire con un'approssimazione quasi accettabile cosa sia la libertà. E forse anche la felicità.

Non mi sarebbe mai capitato di intuire nemmeno lontanamente nulla del genere, credo, se non fosse stato per tutte le settimane passate: se non avessi scoperto, da pitagorica, che potevo vincere la pigrizia e impormi di seguire delle regole precise pur non comprendendone il significato; se a scuola dagli eleatici non avessi imparato a deporre la presunzione di considerare il tempo come qualcosa di esclusivamente mio, che deve per forza scorrere nella direzione che decido. Se poi non mi avessero insegnato, gli scettici, a diffidare delle mie sensazioni e a farmi sempre domande su tutto, e gli stoici a sopportare l'idea che certe cose non si possono cambiare; e se, infine, insieme a Epicuro non avessi cominciato a trattare i miei desideri con scanzonata familiarità, a essere generosa e non avara di quello che provavo, come bisogna essere con gli amici.

Soprattutto, non ci sarei riuscita se non avessi cominciato a vivere nel presente, con il corpo e anche con la testa, a mantenermi sospesa sopra i piú minuti dilemmi, i dettagli trascurabili della vita di ogni giorno; con le energie tutte tese a sospingermi contro i miei limiti, a farmi rimbalzare contro i confini delle abitudini piú inveterate, contro i ritornelli di quei pensieri che fanno rima fra di loro, e che ormai, a furia di rimare e di ripetersi, hanno perso ogni ombra di senso: rimangono solo echi di uno stanco rimuginare. È strano come quelli che pensiamo siano i nostri valori massimi, che immaginiamo solidi e inespugnabili come muri spessi, come fossero la soglia della nostra persona, sappiano d'improvviso rivelarsi elastici, soffici e lievi. Pensavo di essere rinchiusa in un fortino, al sicuro nella cinta muraria delle mie piccole certezze, delle cose che da sempre mi ero abituata a pensare di me, degli altri e del mondo: ma era uno di quei castelli di gomma con cui giocano i bambini, leggeri e del tutto inadatti a proteggere e custodire il benché minimo segreto, e anche a durare nel tempo, come invece un vero castello dovrebbe fare: perfetti solo per giocare senza farsi male – il che, va detto, in un castello reale probabilmente sarebbe quasi impossibile.

Quello che mi colpisce però è che non sento affatto la mancanza della protezione che mi aveva dato, per molti anni, l'abitudine di pensare sempre le stesse cose, o meglio: di pensare sempre come se fosse proibito guardare al di là delle mura del castello, guadare le acque del fossato, sfidare coccodrilli. Credevo che servisse a proteggermi, a farmi vivere serena; serviva solo a farmi vivere depressa.

Insomma, all'inizio di questa settimana cinica sono piuttosto spavalda, anche se esiterei a confessarlo: è tutto nuovo e io sono ancora disorientata, stordita da quel che è successo la sera della tempesta. Nel punto esatto in cui il soffitto è rovinato in una grandine di calcinacci fradici c'era la mia scrivania, e sulla scrivania, il computer; e dentro il computer, una traduzione quasi finita, un mezzo romanzo, due o tre bozze di articoli. Qualche racconto, anche, e le copie in pdf di molti libri. Naturalmente, dando prova di grande prudenza, avevo salvato tutto su una chiavetta usb. Che però, ahinoi, quel giorno era rimasta inserita nell'apposito alloggiamento.

Accanto al computer, a cui era collegato con un piccolo cavo che succhiava dal pc l'energia per ricaricare la sua batteria, c'era un'altra protesi della mia memoria: il telefono, con la rubrica e i messaggi, le fotografie e le date dei compleanni degli amici, il navigatore che conosceva i miei percorsi e il correttore t9 che parlava la mia lingua e mi sapeva persino suggerire quali parole fossi solita aggiungere dopo quella che stavo scrivendo.

Mi hanno detto che volendo si potrebbe anche provare a recuperare qualcosa. Parlavano di dischi rigidi, di memoria interna, di altro ancora che ho fatto educatamente finta di ascoltare. Poi, con un sorriso a trentadue denti, ho guardato il perito in faccia e gli ho detto di non preoccuparsi. Gli ho detto che non c'era bisogno, e che non mi importava affatto di recuperare nulla: lui sembrava comunque preoccupato, ma io mi sentivo raggiante di felicità.

Quanto lavoro ho perso – come farò a consegnare quella benedetta traduzione? Non ne ho la piú pallida idea. Il fatto è che il perito è arrivato nel terzo giorno della mia settimana cinica, e questo è stato il risultato. Sento che in qualche modo me la caverò; ma non saprei dire *come*.

Guardo i cani, però, da quando sono cinica. Non faccio altro che guardare i cani per strada. Qualche volta ne seguo uno che trotterella deciso verso chissà dove – ma i cani sanno sempre dove andare. È incredibile: fino a pochi giorni fa per me era come se non esistessero, e ora li vedo dappertutto, sono bellissimi, felici, sono come mi sento io nei miei giorni cinici. Magari però sarebbe meglio procedere con ordine.

Sono sempre stata attratta dalla scuola cinica, forse solo per la bellezza del nome, o per il solito bovarismo, quello stesso che faceva tanto luccicare, ai miei occhi, anche l'epiteto di «epicureo»: ho sempre ambito all'aggettivo «cinica» come a un titolo onorifico. Che non mi è mai stato elargito: è la medaglia per un sarcasmo, una salacia, che esistono solo nella mia testa, penso, perché nessuno, in vita mia, mi ha mai dato della cinica.

Probabilmente la mia istintiva simpatia è il motivo per cui l'ho tenuta per ultima, questa scuola – che chiamiamo cinica, ma potremmo chiamare scuola canina –, quando ho compilato la lista delle sei istituzioni che avevo deciso di frequentare nelle mie sei settimane sperimentali. L'ho tenuta per ultima, perché mi pareva la piú divertente ma soprattutto la piú libera: anche prima di iniziare questo insolito esercizio sapevo – e ora ne ho avuto la conferma – che alla libertà è sempre meglio arrivarci preparati.

Con i cinici, quando inizio, ho una familiarità solo emotiva, e molto arbitraria, dovuta al fatto che dal ciarpame aneddotico che abita la mia memoria fin dai tempi delle dispense universitarie di filosofia antica, ogni tanto salta fuori un'immagine – con cui, lo confesso, negli anni mi sono spesso consolata di fronte allo scoramento che mi coglie quando consulto il saldo del mio conto in banca. Era l'immagine di Diogene di Sinope, che si era dato il soprannome di *Cane* e viveva come un randagio in una botte.

Il κυνισμός – cinismo – è letteralmente l'«imitazione del cane»: ed è questa la miglior definizione dello stile di vita cinico. Piú che le dottrine, dei cinici si tramandano i comportamenti. La loro scuola fu fondata da Antistene, poco dopo la morte di Socrate, in un ginnasio appena fuori Atene, che si chiamava Cinosarge (cioè «cane agile») e sorgeva su un terreno consacrato a Eracle. Può darsi che il nome della scuola sia nato cosí, per accidente, a partire da quello del luogo in cui sorse; sta di fatto, però, che – per puro caso o per un nesso in cui è incerto quale sia la causa e quale l'effetto – l'ispirazione canina attecchí alla scuola intera. I cinici misero al centro della loro dottrina proprio l'obiettivo di vivere come cani, trasformando con foga quasi artistica ogni aspetto dell'esistenza in una professione di randagismo e, insieme, di ostentata fedeltà al dovere morale. Fu una scuola dalle finalità e dagli interessi puramente etici. La virtú umana, per i cinici, consiste nel *vivere secondo natura*. Non nel senso razionale e teleologico che gli stoici diedero a questa stessa espressione, però: per i cinici, che attribuirono la massima importanza alla *pratica* di un esercizio esistenziale, e che perciò hanno plasmato una dottrina molto piú performativa che descrittiva del mondo, è fondamentale adattarsi alle condizioni di vita piú semplici, piú elementari che ci siano. L'ideale cinico dell'*autosufficienza* o autarchia (αὐτάρκεια, parola poi anche stoica che però i cinici portano a conseguenze molto piú estreme sul piano pratico) coincide con una riduzione drastica dei bisogni. E non dico per dire: il vero cinico se ne infischia, con molta piú fermezza degli epicurei, dei bisogni indotti. È anzi estremamente severo nel distinguerli, e si dedica a soddisfare – senza ombra di vergogna – soltanto quelli piú impellenti, quelli *davvero* primari. Un esempio luminoso di questa filosofia di vita è la biografia del famoso Diogene di Sinope, che non solo si prese il nome di Cane e visse in una botte, ma ostentava disprezzo per ogni agio, anche i piú semplici: persino una ciotola o una coppa da cui bere, per dire. Secondo il Cane, infatti, nessuno può aver bisogno di una coppa, finché ha a disposizione le mani. Il cinismo professa un atteggiamento sovversivo di tutte le norme sociali vigenti, una condotta improntata alla piú estrema *impudenza* (ἀναίδεια [*anaideia*]) e all'indifferenza rispetto a qualsiasi convenzione.

Nel momento in cui a improvvisarmi cinica mi accingo per davvero, studio Diogene nel ritratto formidabile che ne fece il suo omonimo Laerzio attraverso le testimonianze raccolte nel sesto libro delle *Vite dei filosofi*. Cosí attingo la spiegazione del suo soprannome da quella che mi sembra proprio la viva voce del Cinico. Il quale doveva essere uno straordinario umorista, fra le altre cose: anche considerando che nel mucchio di battute fulminanti che gli vengono attribuite ci sia qualche esagerazione a opera dei suoi seguaci, la base da cui la sua leggenda nacque doveva essere notevolissima. «Alessandro una volta lo incontrò e gli disse: "Io sono Alessandro, il gran re". A sua volta Diogene: "Ed io sono Diogene, il cane". Interrogato per quali azioni fosse chiamato cane, rispose: "Scodinzolo festosamente verso chi mi dà qualcosa, abbaio contro chi non dà niente, mordo i ribaldi"». E pare che, di tanto in tanto, li mordesse davvero: quando non con i denti, di sicuro li morsicava a parole. Ma non ci si può aspettare nulla di meno, penso, da un tipo simile. Uno che, per dire, a chi gli rimproverava l'esilio, rispondeva: «ma è per questo, o disgraziato, che mi diedi alla filosofia». A un tale che per provocarlo gli rinfacciava che il popolo di Sinope l'avesse condannato ad andarsene: «Ed io, – replicò, – ho condannato loro a rimanere a casa». E quando gli chiesero quale fosse secondo lui, nella vita di un uomo, il momento opportuno per sposarsi, lui rispose: «Quando si è giovani non ancora, quando si è vecchi mai piú».

Naturalmente il fatto che si riferisse a sé stesso come a un cane non doveva lasciare indifferenti i suoi interlocutori, i quali erano piuttosto numerosi: Diogene passava la vita a conversare con gli sconosciuti, elargendo battute abrasive in cui mascherava insegnamenti tanto semplici quanto ardui da mettere in pratica. A dei tizi che gli chiedevano di essere piú preciso sulla sua natura canina, specificando a che razza pensasse di appartenere, rispose che quando aveva fame era un maltese, quando era sazio invece un molosso: cioè, il barboncino esagitato e il colossale cagnolone da fatica. Aggiungendo, giusto per chiarire: «Insomma, di quelle specie che i piú lodano ma con cui tuttavia non hanno il coraggio di uscire a caccia per tema di fatica». E, a scanso di equivoci, per sottolineare la propria natura pungente e fastidiosa: «Cosí voi non potete convivere con me, perché avete paura di soffrire».

Diogene il Cane, da vero precursore del punk quale lo immagino sulla base di queste spassose testimonianze, aveva un certo gusto – anche dichiarato – per l'esagerazione, che però doveva intendere a scopo puramente pedagogico, come riferisce Diogene Laerzio. Se alzava i toni, se calcava la mano con le sue provocazioni, era solo per dare l'esempio: «Diceva d'imitare gli istruttori dei cori: questi infatti danno il tono piú alto, perché tutti gli altri diano il tono giusto».

Sarà stato anche un cane faticoso, uno di quelli che quando te li porti in giro ti causano piú grattacapi che altro; un cane mordace, magari, ma per questo Diogene io inizio a sentire una simpatia travolgente. So bene che non potrò mai spingermi al suo livello, troppo estremo, troppo lontano dalla mia indole: rimarrà un maestro ineguagliato, un inarrivabile umorista, uno di quegli uomini capaci di trovare la strada per la libertà nel dissipare la loro reputazione – mentre io, per imprese del genere, sono troppo piccolo-borghese. Mi rendo conto, con un lieve dolore, della ristrettezza dei miei limiti – che pure, devo ammettere, in capo a questo bizzarro esperimento esistenziale, un po' si sono ammorbiditi. Non c'è bisogno di essere un genio, però, per figurarsi il disprezzo che Diogene avrebbe mostrato per gli agi e le mollezze fra cui vivo.

Per parte mia, non riesco neanche a immaginare di trovare il coraggio di abitare, per scelta, in una botte; né di camminare scalza per le strade della mia città, o di buttar via il mio unico bicchiere perché, come ebbe a dire il Cinico, a che servono i bicchieri, quando si possiede un bel paio di mani? Tuttavia la scuola cinica ha, per fortuna, una precettistica meno dettagliata di quella pitagorica, per cui posso anche risparmiarmi l'imbarazzo di passare la giornata a quattro zampe in un tino. In assenza di regole pratiche specifiche, ormai lo so, quello che mi tocca cambiare è il mio modo di pensare: come sempre, mi abituerò alla metamorfosi applicando dei trucchetti da addestratore, atti a farmi assumere certe posture e atteggiamenti nuovi. Diogene, che chiudendo gli occhi vedo camminare scalzo, come un forsennato, per le strade di Atene, mi insegnerà senz'altro come fare: è la perfetta guida a cui affidarmi, lui che sosteneva di saper comandare agli uomini e una volta cercò pure di farsi vendere a un ricco signore di Corinto, sostenendo che quel tale avesse bisogno di un *padrone*.

Accolgo, con un certo orgoglio, l'inaspettata rivelazione che il mio bizzarro esperimento non si allontana poi tanto da certi metodi che predicava questo «Socrate impazzito», come lo chiamò Platone. Il quale con Diogene intrattenne sempre un rapporto singolare: stando a quel che traspare dagli aneddoti, la loro relazione, tutta dispetti e battutacce piccate, ostenta un disprezzo reciproco tanto cordiale da suggerire che sia stata, in realtà, una di quelle grandi inimicizie di chiassosa e in fondo amorevole familiarità che qualche volta nascono fra compagni di scuola o amici d'infanzia, o tra colleghi, ma solo di certe particolari professioni che invoglino magari al cameratismo o alla goliardia – e fra queste professioni non annovererei, almeno oggi, quella del filosofo; ai loro tempi, però, le cose dovevano essere parecchio diverse. Del resto era credibile, allora, che a un banchetto si ritrovassero in carne e ossa, a gozzovigliare e farsi la corte a vicenda, i personaggi che compaiono nel *Simposio*.

Comunque non è che Diogene si fosse inventato tutto quanto il cinismo da solo; anche lui aveva bisogno di un maestro, e difatti se lo scelse molto bene. Questo maestro, Antistene – che Diogene si accattivò con una delle sue solite imprese strampalate –, era figlio di una schiava, quindi nemmeno lui godeva dei diritti di cittadino, ad Atene: proprio come Diogene, esiliato da quei concittadini che diceva di aver condannato a rimanersene a Sinope. E Antistene, che nel *Simposio* (quello di Senofonte, non di Platone) fa un discorso molto bello sul fatto che piú ci si abitua a non aver bisogno di nulla, piú ci si sente, con pochissimo, padroni del mondo, è ricordato come il precursore di una pratica cui in seguito aderí anche Diogene – e molti altri fra cui noi, in un certo senso, ogni volta che passiamo la notte in un sacco a pelo: si fece raddoppiare la lunghezza del mantello per avere l'agio di trasformarlo all'occasione in un letto improvvisato, avvoltolandocisi dentro per dormire.

Come racconta sempre il Laerzio, per Diogene non fu affatto facile procurarsi Antistene come maestro – il che mi consola dell'inevitabile disprezzo per la mia mollezza che, a furia di leggere sue battute mordaci, finisco per ipotizzare in lui mentre mi abbandono alla fantasticheria di una me greca, con tunichetta e lanterna in mano (grazioso omaggio alla «ricerca dell'uomo» inventata dallo stesso Diogene, che in pieno giorno se ne andava in giro con la lanterna accesa, dicendo: «Cerco l'uomo»), che bussa alla botte del Cane per chiedergli di farle da guida.

A Diogene – che, bisogna ammettere, diede prova di una ragguardevole testardaggine – andò cosí: «Giunto in Atene, si imbatté in Antistene. Poiché costui, che non voleva accogliere nessuno come alunno, lo respingeva, egli assiduamente perseverando, riuscí a spuntarla. Ed

che dice: «Una volta nella piazza del mercato [Diogene] si masturbava e diceva: "Magari stropicciando anche il ventre non avessi piú fame!"». Rido come una pazza, ma pure dalla luna si vedrebbe quanto sono imbarazzata.

Per un attimo, un lungo attimo di cui provo vergogna, mi sento in pericolo, minacciata; vorrei che Marione se ne andasse da casa mia, quest'uomo sconosciuto che sghignazza e si stropiccia lo stomaco in una grottesca imitazione di quel che gli ho appena letto. Come diavolo mi è saltato in mente di invitare in casa mia un completo sconosciuto che da quarant'anni vive all'addiaccio? Mi irrigidisco, sono seccata, quasi offesa. Poi lui dice che vuole provare se funziona, questa cosa della pancia, e a me si stringe il cuore: vuol dire che gli capita di avere fame e non avere niente da mangiare. Allora, quasi per consolarmi dello stato di tensione in cui mi vede, e in cui mi ha cacciata in realtà il mio stupido pudore, aggiunge che comunque non tutti sono gentili come me.

Ecco: non vorrei cambiare la mia vita con la sua, ma quanto mi è superiore, penso, quest'uomo che invece di lasciarsi illividire da una battuta *osée* e francamente esilarante di oltre duemila anni fa, confessa con candore che bisogna pur trovare dei sistemi per sopperire ai propri bisogni, mentre io, che non ho nulla da cui difendermi, cerco di disinfettare in continuazione il mio spirito e il mio corpo dal contagio della vita. Tutto appartiene ai sapienti, diceva Diogene, e lo dimostrava con uno strampalato sillogismo; e quest'uomo qui, che non ha niente, mi appare d'improvviso come un saggio, come uno che ha per sé il mondo intero[12]. Lo so che sto un po' esagerando, che tutta questa retorica contraddi-

[12] «Tutto appartiene agli dèi; i sapienti sono amici degli dèi; i beni degli amici sono comuni. Perciò i sapienti posseggono ogni cosa».

ce il mio tentativo di cinismo: eppure il mio stupore è tale che so soltanto essere iperbolica.

Marione mi dice che le cose bisogna provarle, come volesse giustificarsi per l'eccessiva confidenza di poco fa. E capisco subito che ha ragione. Mi sta chiedendo come penso di capire questi cinici, se nemmeno conosco i cani. Non so cosa replicare.

Non so mai cosa replicare. Anzi no, non è vero: sto forse iniziando a *imparare* a rispondere. Il giorno che è venuto il perito, e mi ha spiegato che il lavoro che avevo perso si poteva recuperare, io gli ho detto che non era il caso. E senza che me ne accorgessi, in me parlava la cinica: parlava già la persona che aveva capito che di quei lavori, portati avanti per due spiccioli e per vedersi stampare il nome su qualche fogliaccio di carta, non le importava piú. Ho detto: non c'è da recuperare niente. E un po' del senso di perenne insoddisfazione che da tempo legavo al mio lavoro ha iniziato, piano, a dissiparsi. Mi ha colpito allora il pensiero che quella sensazione strisciante di inadeguatezza nascesse forse dal fatto che avevo perso di vista quello che volevo fare – e perché poi mi sono impuntata a scegliere un lavoro tanto ingrato e solitario?

Scrivere è un mestiere che rende poco, obbliga a grandi fatiche e a molta solitudine. Costringe a scontrarsi di continuo con la propria inettitudine, spinge a smisurate frustrazioni: quello che nella testa sembra semplice e bello, nella realtà non somiglia quasi mai alla consolante immagine mentale che all'inizio ti incantava con la sua perfezione – ed è un bel dispiacere. Perché farlo, allora? Io avevo cominciato perché volevo provare, per quanto possibile, ad accettare con piú facilità ciò che non posso cambiare; la vita che mi atterrisce è piú tollerabile, una volta scritta. Volevo provare a raccontare le cose piú singolari, storie incorporee quanto le mie stupide fantasticherie – scritte perché altri le potessero leggere, avrebbero forse perso il marchio della mia solitudine pietrosa per diventare qualcosa di semplicemente umano. Volevo che consolassero un dolore, o anche solo mezzo; o che aiutassero qualcuno a finire un pensiero, qualcun altro a sentirsi meno solo per aver detto qualcosa di ormai dimenticato. Che servissero a qualcuno (qualcuno di sconosciuto e invisibile) a passare un paio d'ore piacevoli, a ricordarsi una cosa o a scordarne un'altra. Volevo perdermi, annullarmi nelle parole, quando ho iniziato a scrivere. Non ci sono riuscita: non una sola pagina, fra quelle centinaia che stavano nel computer allagato, sarebbe riuscita ad assolvere questo compito. E allora, tanto vale buttare tutto e ricominciare daccapo. Senza rimpianti, senza i soldi dell'anticipo. Pazienza. Perché il vivere, come diceva Diogene, non è un male: il male è vivere male.

Conosco una signora che salva i cani abbandonati, continua Marione: ha capito meglio di me che il mio silenzio non nasce davvero dall'indecisione. Mi spiega come faremo, mi dice che ho bisogno di un cane perché devo tenere i piedi per terra; io ancora non ho avuto il tempo di piazzare una parola. Due giorni dopo, prima dello scadere della mia settimana cinica, la signora Rosanna attraverso una veterinaria di sua fiducia mi affida in prova un bastardino, che chiamiamo Cane, per il momento, perché non so se lo potrò tenere: tutto dipende dall'eventualità che di qui a un mese i volontari del rifugio per randagi mi trovino idonea – oppure no.

Ho un cane provvisorio, tutto storto, con il pelo ispido e una codina tremula. Insieme scopriamo le strade, andiamo al parco a correre; conosciamo gli altri cani, svogliati mastini, labrador festosi, timidi cavalier king, e i mille incroci imprevedibili di quelli nati da amori clandestini mentre i padroni, che non sanno mai niente, guardavano da un'altra parte. Il mondo non mi è mai sembrato cosí vasto.

Viviamo alla giornata, e non cambierei questa vita nuova con quella di nessun altro. Non potrei invidiare nessuno; la vita che sto vivendo, ora che ne ho messo in discussione tutti i minimi dettagli, ora che non cerco di farla somigliare a chissà quale ideale irraggiungibile, è tanto mia che non la posso confrontare con nessun'altra, in nessuna aritmetica di competizione.

Infinite sono le cose che non ho, infinite pure quelle che non so; ma da quando ho perso le mie vecchie certezze e ho imparato a lasciarmi piegare dalle regole delle scuole antiche, ho ritrovato un piacere perduto da tempo. Quello di imparare, di provare, di rivoltare i miei pensieri come guanti, di scoprire che stavo sbagliando e che proprio scoprirlo è l'occasione per provare a fare un po' meglio. Ho perso molto, e fra le cose perdute ci sono anche quelle che credevo di dominare, di possedere, di sapere: ma questo, se non altro, mi dà la possibilità di continuare a cercare, a chiedere, a studiare, a sbirciare la vita da ogni angolo. Vivo cercando qualcosa che non so; forse solo la felicità di continuare a cercare. Penso alle parole di Socrate: una vita senza ricerca, non è degna di essere vissuta.

Cammino con il Cane per le strade del quartiere, non ho niente di mio, sono felice. Ho imparato un poco a vivere dai filosofi antichi, forse; e forse è questo, alla fin fine, che varrebbe la pena raccontare.

Lo scaffale dei libri impiegati in questo esperimento:

Testi originali:

Aristotele, *Elenchi sofistici*, a cura di E. Nobile, Laterza, Bari 1923.
Diogene Laerzio, *Vite dei filosofi*, a cura di M. Gigante, Laterza, Roma-Bari 1976.
Epicuro, *Opere*, testo critico e traduzione a cura di G. Arrighetti, Einaudi, Torino 1960.
Epitteto, *Diatribe. Manuale. Frammenti*, a cura di G. Reale e C. Cassanmagnago, Rusconi, Milano 1982.
Epitteto, *Manuale*, traduzione di G. Leopardi, a cura di A. Banfi, Feltrinelli, Milano 2017.
Esopo, *Favole*, a cura di E. Ceva Valla, Rizzoli, Milano 2016.
Giamblico, *La vita pitagorica*, a cura di M. Giangiulio, Rizzoli, Milano 1991.
Lucrezio, *La natura delle cose*, a cura di I. Dionigi, Rizzoli, Milano 1994.
Marco Aurelio, *I Ricordi*, trad. it. di F. Cazzamini-Mussi e C. Carena, Einaudi, Torino 1986.
Ovidio, *Le metamorfosi*, a cura di R. Corti, Rizzoli, Milano 1994.
Platone, *Apologia di Socrate*, a cura di G. Reale, Bompiani, Milano 2000.
Platone, *Fedone*, a cura di M. Valgimigli - B. Centrone, Laterza, Roma-Bari 2005.
Platone, *Parmenide*, a cura di G. Cambiano, Laterza, Roma-Bari 2003.
Platone, *Simposio*, a cura di G. Colli, Adelphi, Milano 1979.
Platone, *Teeteto*, a cura di F. Trabattoni, Einaudi, Torino 2018.

Plutarco, *Vite parallele*, vol. 3, a cura di M. L. Amerio e D. P. Orsi, UTET, Milano 2010.
Porfirio, *Vita di Pitagora*, a cura di A. R. Sodano e G. Girgenti, Rusconi, Milano 1998.
Seneca, *Lettere a Lucilio*, a cura di G. Monti, Rizzoli, Milano 1993.
Senofonte, *Simposio*, a cura di A. Giovanelli, La Vita Felice, Milano 2007.
Sesto Empirico, *Contro i logici*, a cura di A. Russo, Laterza, Roma-Bari 1975.
Sesto Empirico, *Schizzi pirroniani*, a cura di A. Russo, Laterza, Roma-Bari 1999.
Svetonio, *Vite dei cesari*, a cura di F. Dessí, Rizzoli, Milano 1982.

Raccolte di frammenti:

I presocratici. Prima traduzione integrale con testo a fronte delle testimonianze e frammenti nella raccolta di Hermann Diels e Walther Kranz, a cura di G. Reale, Bompiani, Milano 2006.
Stoicorum Veterum Fragmenta, ed. J. von Arnim, 4 voll., Teubner, Stuttgart 1964.

Opere di consultazione:

Abbagnano, N., *Dizionario di filosofia*, UTET, Milano 2013.
Cambiano, G., e Mori, M., *Storia e antologia della filosofia*, vol. I, Laterza, Roma-Bari 2001.
De Crescenzo, L., *Storia della filosofia greca. Da Socrate in poi*, Mondadori, Milano 1986.
Enciclopedia di Filosofia, a cura di G. Vattimo, Garzanti 2004.
Russell, B., *Storia della filosofia occidentale*, Longanesi, Milano 1971.

Saggi:

Anzalone, L.e Minichiello, G., *Lo specchio di Dioniso. Saggi su Giorgio Colli*, Dedalo, Bari 1984.

Blumenberg, H., *La caduta del protofilosofo*, Pratiche Editrice, Parma 1983.
Burnet, J., *Early Greek Philosophy*, A&C Black Ltd, London 1920.
Carroll, L., *What the Tortoise said to Achilles*, «Mind», 4 (14), 1895, pp. 278-80, 1895.
De Luise, F. e Farinetti, G., *I filosofi parlano di felicità*, Einaudi, Torino 2014.
Detienne, M., *I giardini di Adone*, Einaudi, Torino 1972.
Diano, C., *Il pensiero greco da Anassimandro agli stoici*, Bollati Boringhieri, Torino 2018.
Festugière, A.-J., *Épicure et ses dieux*, Presses Universitaires de France, Paris 1946.
Galimberti, U., *Il corpo*, Feltrinelli, Milano 2002.
Hadot, P., *Che cos'è la filosofia antica*, Einaudi, Torino 2010.
Hadot, P., *Esercizi spirituali e filosofia antica*, Einaudi, Torino 2005.
Hadot, P., *La cittadella interiore. Introduzione ai «Pensieri» di Marco Aurelio*, Vita e Pensiero, Milano 2006.
Hadot, P., *La felicità degli antichi*, Raffaello Cortina Editore, Milano 2011.
Oates, W. J., *The Stoic and Epicurean Philosophers*, Modern Library, New York 1957.
Vernant, J.-P. (a cura di), *L'uomo greco*, Laterza, Roma-Bari 2005.

Altri testi citati:

Gozzano, G., *Tutte le poesie*, Mondadori, Milano 1991.
Montaigne, M. de, *Saggi*, Adelphi, Milano 1992.
Valéry, P., *Il cimitero marino*, il Saggiatore, Milano 1984.

Indice

Stampato per conto della Casa editrice Einaudi
presso ELCOGRAF S.p.A. - Stabilimento di Cles (Tn)

C.L. 23998

Edizione						Anno			
5	6	7	8	9	10	2020	2021	2022	2023